チーム・ブライアン
Team Brian
300点伝説

ブライアン・オーサー
樋口豊［監修］　野口美惠［構成・翻訳］

講談社

はじめに

私たち「チーム・ブライアン」を乗せた飛行機はいま、遥かなる大空へと向かって上昇しています。操縦席には、誰も到達したことのない未知の世界へ案内してくれる、優秀なパイロットが2人。彼らはどこへでも望む場所へ飛行機を飛ばすことができます。

操縦席にいるのは皆さんお察しの通り、2014年ソチオリンピック王者の羽生結弦(ユヅル)。もうひとりは2015年にスペイン史上初の世界王者となったハビエル・フェルナンデスです。2人は2015—2016年シーズンに、史上初の300点超えをマークし、フィギュアスケート男子シングルの新たな領域へと踏み出しました。

ユヅルはオリンピック王者となった後も、留まることなく自らを進化させ、フィギュアスケートの競技そのものも進化させてきました。ハビエルも、ソチオリンピックで4位と悔しい思いをしたあと人が変わり、ユヅルの良きライバルとして、スケートの新たな領域の開拓者へと成長しました。総合点での３００点超えは、２０１６年グランプリシリーズ終了時点で、ユヅルが3回、ハビエルが2回。いかなる時代を通しても、世界のどこを見渡しても、２人以外にはこの雲上の景色を見た者はいません。

ブライアン・オーサー、つまり私は、２人に操縦桿をまかせ、意欲を出してもらったり、相談を受けたりしながら、飛行機の行方を見守っています。気分はとても快適です。飛行機の窓からは、まだ誰も見たことのない絶景が続くのですから。

私たちの飛行機は、あの選手がこんなことをやっているから真似ようとか、あの選手がこんな点数だから超えようとか、そんなことは考えなくていいのです。２人は自分が行きたいゴールを目指し、その軌道が、フィギュアスケートの新たな基準となるのです。

疑う余地もなく、２０１５—２０１６年シーズンに男子のフィギュアスケートは歴史的な転換点を迎えました。それまでは２０１３年にパトリック・チャン（カナダ）が出した２９５・２７点が世界最高点で、その後は３００点に近いスコアさえ生まれず、３００点は永遠の壁のように思われてきました。その停滞状況を一気に打破したのが、２０１５年ＮＨＫ杯でのユヅルの３２２・４０点と、グランプリファイナルでの３３０・４３点。続いてハビエルも２０１６年欧州選手権と世界選手権で３００点を超えました。

　この２人が出した驚異的な３００点超えという得点は、21世紀前半の男子フィギュアスケートに〝マイルストーン〟として刻まれることになりました。これから２０１８年平昌《ピョンチャン》オリンピックへ向けての２年、いや、もっと長い期間、「一流」「歴史的」と言われるスケーターになるための指標が、この３００点になることは間違いないでしょう。

　一方でいま、ユヅルとハビエルが、どんな意欲とどんな不安を抱いているのか、私には痛いほどわかります。いまから30年前、私自身が、あの時代の〝マイルストーン〟を背負ったひとりであり、その栄光とストレスを全身で受け止めていたからです。

　すこしだけ昔話をさせてください。１９８０年代、男子にとって最高の技はトリプルアクセルでした。ブライアン・ボイタノ（米国）と私はトリプルアクセルを武器に、世界の１位と２位を争うデッドヒートを繰り広げていました。特にアクセルが得意な私は「ミスター・トリプルアクセル」と呼ばれていました。メディアもファンも、皆が私に聞きます。

「今度の試合はトリプルアクセルを入れるのですか？」「何本トリプルアクセルを入れるのですか？」「どうやってトリプルアクセルを跳べるようになったのですか？」

私の演技はトリプルアクセルだけではないのに、皆がそれだけに注目します。自分の代名詞の技ですから、成功したときの喜びや爽快感は何物にも替えがたいものです。でも私は、自分がトリプルアクセルしか評価されていないような寂しさも感じていました。トリプルアクセルという大好きだけど大嫌いなものが自分に取り憑いているような、そんな気分でした。

マイルストーンを担った選手はそうやって、誰も知らない、誰にも理解できない感覚を消化しながらスケート人生を歩んでいかねばならないのです。単に世界選手権で優勝した選手というのとは、ちょっと違います。

これからのシーズン、ユヅルとハビエルにも同じ状況が訪れるでしょう。誰もが聞きます。

「330点の世界記録をどうやったら超えられますか?」「次に300点を超えるのはいつですか?」「今回は300点を超えませんでしたが、その理由は?」「他の選手が300点を取ったら、どんな気分ですか?」と。

300点を取ることがフィギュアスケートの目的ではありません。でもそれを見失わせてしまうくらい、誰もが300点というマイルストーンに固執するでしょう。

だからこそ私は、ユヅルとハビエルを正しいゴールに向かわせてやりたいと思います。マイルストーンを背負い、その葛藤を経験した私だからこそ、これから2人に起きるさまざまな変化を見逃さずにいられる。ちょっと操縦が怪しいなと思ったら、コックピットに行って、操縦桿を動かすサポートができるでしょう。そして、彼らが本当に行きたい場所へ、自由に羽ばたかせてやりたいのです。

前作の『チーム・ブライアン』では、どのようにして私がコーチになり、キム・ヨナ(韓国)やユヅル、ハビエルを育ててきたかを語りました。その強さの秘密は、生徒にもコーチにもスタッフにも恵まれ、最高のチームを作ってきたことだとお伝えしました。あれから2年経ちます。2人が最高に成長してくれたおかげで、『チーム・ブライアン』で語ったチームのあり方は正しかったのだと改めて実感しています。

いま2人は新たな領域に立ち、私たちコーチもまた新たなゴールに向かっています。コーチである私は多くの人から「なぜ300点を取らせることができたの?」「なぜ世界選手権やオリンピックで生徒を優勝させられるの?」と訊かれます。しかしハビエルと5年、ユヅルと4年、私たちは優勝や最高点ばかりを考えて過ごしてきたわけではありません。私たちは、もっと大切な〝トップアスリートの人生〟を共有してきました。そのすべてが美しいコラボレーションをしたときに見せた輪郭が、300点というマイルストーンでした。

つまり、私が言いたいのは前作と同様、「チーム・ブライアンはコミュニティだ」ということです。そう、私たちはコミュニティ、いわば村なのです。トロントという町のなかにある「トロント・クリケット・スケーティング&カーリングクラブ」という名の小さな村です。そこでは、生活も仕事も人生も、すべてがつながっています。これが「300点」の秘密なのです。

この本は、フィギュアスケートの試合の勝ち方を教える本ではありません。ファンの皆さん、スケート関係者の皆さんに、スケートの世界はこんなにも奥深いものなのだと知ってほしい。そしてユヅルやハビエルがいま、どんな立場に置かれ、どんな気持ちでいるのかを、皆さんにも共有してほしいのです。

それでは、私たちが築き上げた最高に素敵なコミュニティ「チーム・ブライアン」に、皆さんをご招待しましょう。

チーム・ブライアン　３００点伝説　もくじ

目次

第3章　2人の世界王者、2人の戦友　2015—2016年シーズン　97

解説執筆◎野口美恵
装幀◎長岡隆

本書は2016年５月と10月にカナダの「トロント・クリケット・スケーティング&カーリングクラブ」にて行われたブライアン・オーサー・コーチに対するインタビュー、および10月に同所で行われたオーサー・コーチとハビエル・フェルナンデス選手の対談、その後2016年ＮＨＫ杯までの折々に行ったインタビューを基に構成されています。インタビュアーは野口美惠がつとめました。

第1章

平昌への始動

2014―2015年シーズン

キム・ヨナはまぐれではなかった

ユヅルがソチオリンピックで金メダルを獲った直後、コーチの私が体験した最大の変化は、私の信頼性が突如として上がったことでした。キム・ヨナを2010年バンクーバーオリンピックの金メダルに導いたことで、トップコーチのひとりとしては注目されていましたが、まだまだ絶対的な信頼ではありませんでした。

ユヅルの勝利が意味するのは、「キム・ヨナは単なるまぐれではなかった」ことです。ヨナの4年後に、チーム・ブライアンの選手がまたもや金メダルを獲ったわけですから。チーム・ブライアンの選手の勝利は、単なる運ではない。ヨナが優勝したのはただ単にラッキーだっただけなのではなく、ユヅルもまた単にラッキーだっただけではない。私たちなりの戦略があり、結果につながる要素がきちんと整えられていたからこそ、優勝につながったことが証明されました。それと同時に私の指導方法やチームの仕事への信頼性が高まり、大きな価値が生まれました。

ヨナのバンクーバー優勝後も急に指導依頼が増えた時期はありましたが、それとは比較にならないくらいの依頼が、ソチオリンピックの後に舞い込みました。依頼してくる人たちは皆、私をまるで魔法使いのように、畏怖のまなざしで見つめていました。望みをかなえる魔法の杖で、どうか私を勝たせてください――誰ともなしに「チーム・ブライアンに移籍すれば勝てる」と思うようになったかのようでした。

しかし実際には違います。私たちの戦略と指導スタイルが成果をもたらしたのは事実ですが、それにはかなりの時間がかかります。私は「4年」がひとりの選手の成長に必要な時間だと考えています。実際、ヨナには4年かかりました。

ユヅルとハビエルは、ソチオリンピックの時点ではまだ真の開花を迎えていないと感じていました。2人とも、あと2〜3年で大きな進化をする〝溜め〟の時期の選手でした。この2人に対する戦略と指導スタイルを結実させることが、ソチオリンピックで結果を出すことよりも、私の重要な役割だと思っていました。1年やそこらでは、スケーターを根本的に変身させるのは難しいのです。

ですから、ユヅルをたった2シーズンで優勝させたように自分も1〜2年で成長したいという依頼は、私の心には届きません。魔法をかけてほしいと言われれば言われるほど、私の気持ちは引き締まりました。ハビエルやユヅルの本当の長期計画を実現させて、世間に示したいと思いました。これは魔法でも偶然でもなく、選手が効率よく勝てばいいものでもなく、しっかりした戦略にもとづく4～5年の教育なのです。チーム・ブライアンという学校なのです。私にとってスケーターを指導するとは、そういうことです。ソチが終わり、平昌へ向けての4年がスタートしたとき、それが私の正直な気持ちでした。

重圧から目を逸らさず進化する

ユヅルはソチオリンピックで金メダルを獲得し、人生が変わりました。一躍、日本のヒーローになり、たくさんのファンとメディアが彼を追いかけるようになりました。一方のハビエルは惜しくも4位。素晴らしい成績ですが、やはりメダルにあと一歩とは悔しいものです。しかし欧州選手権で2連覇を果たし、スペイン人で初のトップスケーターとして注目と羨望の的となる選手に育ちました。2013―2014年シーズンは、こうして素晴らしいシーズンであり、同時に燃え尽きたシーズンでもありました。でも2014年3

月の世界選手権が終わるやいなや、私はユヅルとハビエルに言いました。

「さあ、次のオリンピックに向かって準備するぞ、あと4年だぞ」

2人はまだシーズンを終えたばかりですから、「あと4年もある」「まだまだ先だ」といった表情を浮かべました。しかし実際には、オリンピックの2年後は〝プレオリンピックシーズン〟で、もう準備を始める年です。しかもオリンピックシーズンのグランプリシリーズは2017年10月に始まり、オリンピックは翌年2月ですから、その間たった4ヵ月しかありません。あっという間です。ですから私は言いました。

「ぼんやりしていたら、気づいたら今日はオリンピックだ！　みたいになるぞ」と。

私は選手として、1984年のサラエボオリンピックで銀メダルを獲った後、すぐに1988年のカルガリーオリンピックを目指しました。ライバルのブライアン・ボイタノと切磋琢磨しながら世界選手権の1位と2位を奪い合った4年間でした。この経験がありますから、次のオリンピックがどれだけあっという間に来るかを知っています。コーチとしても、バンクーバーとソチの2大会を目指した8年の経験がありますから、何をどの段階でやっておけば大丈夫かも、つねに計画しています。私は2人に警告する一方で、こんなふうに付け加えました。

「時間が経つのは早いけれど、進化する時間はたっぷりあるぞ」と。

きちんと計画を立てれば、試せることはたくさんあります。ケガや病気をしても、スランプに陥っても、それを経験だととらえてオリンピックに生かす時間があるのです。どんな回り道も、経験につなげればよいのです。

私がこの2人に対して次に打つ手は、すでに考えてありました。2人の場合、ソチから平昌までの4年間で最も必要な準備は、プログラムやジャンプに関するものではありません。それは、「自分自身でオリンピックへの準備をする責任を持てる選手に育てる」ことです。その多くはメンタルトレーニングや精神的成長に関するものです。オリンピックは世界選手権とはまったく性質の異なる戦いだからです。

世界選手権でメダルを獲ることが目標なら、筋肉トレーニングやジャンプ、スケーティングなどで実力を上げていけばいいでしょう。しかしオリンピックに向けてとなると、それだけでは充分ではありません。出場選手の顔ぶれは同じですが、世界選手権とは違うメンタルの「準備」が必要になります。

オリンピックシーズンの準備は、トロントの日々の生活から始まるのです。平昌オリンピックの開催地に行ってからの精神コントロールだけでは不十分です。オリンピックシーズンになると、来る日も来る日もオリンピックのことしか考えられなくなります。ニュースもテレビコマーシャルも街の看板も、何もかもがオリンピックに絡むものになり、何気なく目にして急に不安になったりします。だからこそ、コーチがメンタルケアをするのではなく、2人が自分で精神面のコントロールをしなければなりません。

これまでハビエルは2度、ユヅルは1度のオリンピックを経験していますが、次は異なる立場で出場することになります。ソチに向けては、ハビエルは「できればメダルが獲れるといいな」くらいの考えでしたし、ユヅルは初めてのオリンピックで重圧よりもワクワク感のほうが勝っていました。でも平昌オリンピックは2人にとって4年間向き合い続けなければならないものです。周囲からの期待も重圧も4年間、ずっとかかり続けます。ですからオリンピックを意識しながらも、平常心を保つためのツールが必要です。

そうしたツールには、瞑想のような自己対話をするものや、ヨガなどのように呼吸を整えるものなど、いくつかあります。何であれ2人自身にとってベストの方法を確立させ、それぞれが思い通りに4年間の練習生活を送れるよう、サポートすることが必要でした。

「4年なんてまだ先」と考えて目を逸らすのは、シロウトのやり方です。重圧は減りますが、何も進化しないまま4年が過ぎてしまいます。ソチ前のユヅルのように若ければ、オリンピックシーズンの1年で大ブレイクすることもありえますが、すでに世界タイトルを持っているトップ選手は、オリンピック直前に急成長するわけではありません。

必要なのは計画です。そして心の準備です。そこで私たちは4年後に向けて、1シーズンごとの成長に必要なプランを作りました。具体的な計画は平昌オリンピックが終わるまでトップシークレットなのですが、2人と私たちがどんな話し合いをしたのか、すこしご紹介していきましょう。

ユヅル、オリンピック王者としての成長へ

ユヅルは、オリンピック王者としての4年間を過ごすことになりました。普通であれば大きなプレッシャーがかかります。次の4年間のモチベーションをどう維持するかという問題もあるでしょう。他のコーチのもとに移る選手もいるでしょう。

しかしユヅルを観察してみると、彼の場合そんな不安はまったく必要ないことがわかりました。モチベーションは落ちるどころか、「もっともっと成長したい」と言い、意欲があふれていきました。何より、次の4年間もクリケット・クラブ、つまり私たちのチームに

留まって練習をしたいと言いました。これは嬉しいことです。ユヅルとはソチオリンピックの時点でまだ2年しか過ごしておらず、チーム・ブライアンの〝真なる成果〟が出るのは4～5年目だと思っていましたから。「オリンピック王者としての4年」という考え方ではなく、「さらに進化するための4年」をサポートすればいいとわかり、私自身も腰を据えることができました。

「オリンピック王者としての1年目」の計画は、まずは「伸び伸びと良いスケートをすること」でした。ユヅルはかなり戦略的で闘争心のある選手ですから、私のもとに来てからの2年は本当にアグレッシブな時間でした。同じペースで次の4年間を続けるよりも、伸び伸びとして「スケートを好きだ」と思う時間が必要でした。

英語には、「let the dust settle（騒ぎが収まるのを待つ）」という表現があります。スケート人生のなかでの余白を彼に与えたかったのです。金メダリストであるユヅルには、緊張感から解放され、自分を見つめる時間が必要でした。

そのひとつとして、２０１４―２０１５年シーズンのフリースケーティングで使用する曲に関しては、私たちは一切口を出さずに、ユヅル自身に選んでもらいました。決定がすこし遅れても構わない前提で、彼に主導権を持たせて待つことにしたのです。ユヅルは夏までに、フリーの曲目に「オペラ座の怪人」を選びました。

一方で、ショートプログラムについては計画的に進めました。私とトレーシー・ウィルソン、振付師のジェフリー・バトル、ユヅルの4人でミーティングを開き、曲選びをしたのです。私たちがピアノ曲をリクエストすると、ジェフリーはショパンの「バラード第1番ト短調」を提案してきました。私は昔からショパンのバラードが好きでしたが、改めてユヅルのショートの曲に使う意識で聞いたときは、「ユヅが気に入るかどうかはわからないな」と思いました。スケートで滑るにはちょっとリスクのある曲だからです。ところがユヅルに尋ねると、「僕も大好きだ」と言うので、「ワオ、それはいいね」と思いました。

ユヅルとジェフリーの相性がいいのはわかっていましたから、安心して振付を任せました。振付師というプロフェッショナルの仕事に関して、コーチがあれこれ意見を言う必要はありません。その完成をワクワクして待ちました。そして春先のこと、振付を終えた「バラード第1番」を、ユヅルが滑ってみせてくれました。繊細な音をとらえる動き、最後のステップシークエンスを見たときには驚きました。「ユヅルにこんな繊細な演技ができたんだ。こんな滑りができるようになっていたんだ！」と。

ユヅルには、そのような成長が必要だったのです。良いリスクを取ったなと思いました。以前のユヅルからは大きな飛躍でした。もちろんユヅルは、振り付けて滑りはじめてみるとその難しさを実感したらしく、こう話していました。

「ピアノ1本だけの曲で、とても繊細な表現なので自分にとってはひじょうに難しい。ミスをしても曲が助けてくれるような盛り上がりもないので、ミスが目立ってしまう」

まさにその通りです。それが狙いなのです。このプログラムでミスは許されません。ひじょうにリスキーな曲です。ですが、オリンピック王者だからこそできる、高度なプログラムなのです。

最初、彼がクラブにやってきた頃には、ショート「パリの散歩道」でさえ、かなりリスクがあり大人っぽいと思っていました。パワーと脱力のメリハリが必要な難しい曲です。でもユヅルはとても上手にこなしていて、似合っていたので、将来的には「パリの散歩道」のスタイルが一番良いだろうと考えていました。だからこそ、ソチの翌シーズンにはあえて真逆の分野ともいえる、繊細なピアノ1本のクラシックを選んでみる必要があったのです。

リスクがあるからこそ、もし完成すれば観客を魔法にかけられるような、そんな可能性のあるプログラムでした。ユヅルは「パリの散歩道」ですでに100点を超えていましたから、この「バラード第1番」には110点を出せる可能性があると感じていました。金の卵のようなプログラムに、私は胸がはちきれそうでした。

ショート後半での4回転の価値

プログラムを決める一方で、ユヅルは4回転への新たな取り組みを考えていました。「オリンピック王者ということは関係ない。つねに進化していきたい」と言い、4回転をショートプログラムの後半に入れることにしたのです。

後半での4回転は当初、ユヅルのアイデアでした。私は、選手自らが難しいことを提案してきたとき、現実的なものであれば歓迎します。ユヅルの提案は、ある程度はリスクを伴いますが現実的だと判断しました。「ショートで4回転を後半に入れる」のは、将来的には「ショートで4回転を2本入れる」ためのステップになりますから。ただし、そのリスクが現実になる可能性もあります。ユヅルのグランプリシリーズ初戦となった2014年11月の中国杯ショートがそうでした。ユヅルは4回転が3回転になるミスをしただけでなく、3回転ルッツでもミスがあり2位発進でした。しかしこれでいいのです。この時期は、新しい挑戦に意味があります。まずはミスをして、その原因を探り、いずれ跳べればいいのです。

結果から言えば「ショートの後半で4回転」への挑戦は、ユヅルでさえ２シーズンかかりました。これはメンタルな部分が大きいからです。フィジカルの問題はむしろ小さいのです。ちょっとここで、フリーよりもショートのほうがメンタル的にはきついことについてお話ししましょう。

ショートでのジャンプは3本で、しかも課題がある程度決められているため、トップ選手であれば誰もがほぼ同じ難度のジャンプ構成になります。４回転１本、トリプルアクセル１本、３回転の連続ジャンプです。３本ともミスが許されず、「１本ミスしたけれど他のジャンプで取り返す」といったセーフティネットはありません。

本番のことをイメージしてみてください。60メートル×30メートルの広いリンクにひとりで出ていって、３６０度を大勢の観客に囲まれ、目の前にはジャッジがずらりと並び「ミスを見逃さないぞ」と言わんばかりに自分を見つめています。スタートのポーズをとった瞬間、頭に浮かぶ言葉は「ミスは許されない」です。その場の感情に支配され、練習時の自分の身体とは違うように感じます。ショートは、フリーとはまったく違う重圧があり、緊張感も、責任感も、何もかもが違うのです。強靭なメンタルが必要です。

ですから、「ショートでミスをしたけれど、フリーは気持ちが吹っ切れて良い演技をできた」という試合がよくあるのです。フリーのほうが体力的にはキツいのですが、精神的にはショートのほうがキツい。そうなると「後半での4回転」の意味も違ってきます。ショートでは精神的に難しく、フリーでは体力的に難しいのです。

ではショートにはどう挑むのがいいのでしょうか。メンタル的には、神経が興奮している状態で、緊張を撥《は》ね返す、燃えるような意気込みが必要です。選手は、まるでボクシング選手がリングに上がるかのような闘志をもって選手廊下を歩き、アリーナへのゲートを抜け、リンクに足を踏み入れます。単に「冷静に、普段通りに」と言いきかせているだけでは、ショートでは多くの場合、緊張負けしてしまいます。

そうしたわけで、「ショート後半での4回転」は、ユヅルにとって精神面での新たな挑戦でした。練習ではできるのに本番ではできないのが当たり前のことなのです。ユヅル自身は、「練習では成功しているのだし、早く本番でも成功させたい」と思う日々でしたが、すぐに達成されなくても焦らずに見守る予定でした。むしろ「どうやったら本番でできるのか」とユヅルが真摯に向き合うことで、彼の心が強くなっていく、その過程を見るのが喜びでした。

ハビエルが生まれ変わった！

一方、ハビエルとはソチオリンピックが終わった後にどんなことがあったのか、お話ししましょう。実はオリンピックの後、私はハビエルのことをすこし心配していました。彼は4位になり、とても落胆していたからです。ハビエルはオリンピックのフリーで、後半に規定の数よりも多い3回転サルコウを跳んでしまったため、ルールで0点としてカウントされてしまいました。そのエラーがなければ銅メダルを獲得できていたかもしれません。ジャンプ自体はミスをしていないからこそ後悔の念が強く残ります。

ハビエルは落ちこんだまま、いったんスペインに戻りました。私は「ハビエルはもう現役を引退してしまうだろうか」「私のチームには戻ってこないだろうか」「すべてのやる気をなくしていないだろうか」などと考えていました。

ところが、です。２０１４年夏の終わりのことでした。ハビエルがクリケット・クラブに戻ってきたとき、彼は生まれ変わっていました。英語にはこんな表現があります。「You have fire in your belly.（腹のなかに火を燃やしている＝野心を持っている）」。ハビは燃えていました。炎を宿していました。

トロントに戻ってきた彼を見たとき、私はとても嬉しくなりました。オリンピックでの出来事は済んだこととして忘れ、前へ突き進み戦う準備ができていたのです。

私は毎年2週間、トロント北部のリンクでサマーキャンプを開きます。その年、ハビエルは毎日きちんと時間通りに来て、皆と一緒に練習に取り組みました。これは大きな変化でした。彼がトロントに来たばかりの2011―2012年シーズンは、練習時間になってもまだ家で寝ていて、私が車で迎えにいかないと出発できない世話の焼ける子だったのですから。他のコーチも皆、そんなハビエルの一大変化に気づいて、「ワオ！　ハビエルが生まれ変わったぞ」と口々に言いました。

あの夏以来、ハビエルはことあるごとに私を驚かせ続けています。2016年の話題になりますが、こんなことがありました。北米でのアイスショーに参加した後、トロントに2日間だけ戻り、日本のショーへ旅立つことになっていました。日本行きのビザを取る時間は2日しかありません。私はハビエルに電話をかけて訊きました。

「ビザはちゃんと取ったのか」

ハビのことだから当然まだ取っていないだろうと思っていたので、続けて「この2日間のうちに取らないと日本に行けないぞ」と言うつもりでした。ところがハビエルは、「ええ、取りました。取得済みですよ」と答えるではありませんか。私はもう「ワオ！」という感じでした。ハビエルが、練習だけでなく自分の身の回りのことも人任せにせずできるようになったのです。人間的に成長して、大人として責任を果たせる青年になった。自分だけのためにスケートをしているのではなく、コーチやファン、スペインのスケート連盟に対して責任感が出てきたのです。ビザ申請のような面倒な手配も、試合前の道具の準備や毎日の練習の準備なども、すべての面できちんとできるようになりました。

これは次のオリンピックにしっかり向かう、とても良い兆候です。試合本番で氷に降り立ったら、自分をコントロールできるのは自分自身しかいません。実際のところソチでは、ハビエルは緊張のあまり自分を見失ったがために、練習とは違うジャンプの組み合わせになり、サルコウを多く跳んでしまった。こんなミスは、責任感と計画性がある〝ニュー・ハビエル〟なら間違いなく避けられるでしょう。ですから、別人になったハビエルを見て、「次のオリンピックで、ハビエルは主役のひとりとして登場することになるな」と実感できました。

ハビエルの態度を見て嬉しくなった一方で、現実的に4年後のハビエルのことも考えました。なかでも彼の年齢のことを――。ハビはユヅルよりも3つ半歳上だからです。身体が違います。ユヅルは次のオリンピックで23歳になったばかり。ハビは26歳ですが、オリンピック後すぐに27歳になります。ユヅルは理想的な年齢ですが、ハビエルはフィギュアスケーターとしては少々年齢が高いことになります。

一般的なピーク年齢より高くなるので、特定のトレーニング、特定の食事方法、特定の休息が必要です。特に休息は大事でしょう。いままでのように毎日夜中までプレイステーションで遊んで夜更かししていたら、疲れが回復しなくなってしまいます。年齢が高くなっていくにつれて、アスリートにとって自己管理は大きな仕事になっていきます。

でもハビエルは、それを十分に理解して、実践できるほど大人になっていました。もちろん彼からプレイステーションを奪い取ることはできないので、私の目を盗んで遊んでいるとは思いますが。しかし自分で健康管理をし、きちんと休息と食事を取ってくれればいいのです。

母国スペインで演じるのにぴったりのプログラム

オリンピックシーズンが終わった後、ハビエルのプログラムに関してはこんなふうに考えました。「いくら笑顔で陽気にふるまっていても、ソチで4位という落胆は、次のオリンピックでリベンジするまで心の片隅に残るもの。スケートを楽しんでほしいな」と。そこでショートプログラムは、すぐに「ブラックベティ」に決まりました。

この曲は、すでにソチのシーズン中に見つけていました。何かのアイスショーで滑ろうと思ったハビエルが、クリケット・クラブでこの曲をかけて、自分で大まかな振付をして滑っていました。自然にアドリブで滑る姿を見て、「これはハビエルに合う良い曲だな」と目をつけていたのです。どのステップにも振付が入っていて、ジャンプとジャンプのつなぎでも演技があり、ハビエルの肩の力が抜けた感じも生かした、とてもいいプログラムです。

衣装について、皆さん気がついていたでしょうか？　あれは実は、私が若いときアイスショーで着ていたものです。最初、ハビエルにはこう説明しました。

「このブラックベティの衣装は黒だ。そしてちょっとラフな格好でなくちゃいけない」そう説明しているうちに、はたと気づいたのです。「そのイメージにぴったりのシャツを自分で持っているじゃないか」と。

私はすぐに家に帰って、衣装の山に腕を突っ込み、下のほうからそれを引っ張り出してきました。私は1988年のカルガリーオリンピック後に引退して、アイスショー「スターズ・オン・アイス」のプロスケーターに転身しました。それは1994年頃のショーで使った衣装ですが、改めて見るとまさにイメージにぴったりのシャツでした。リンクにとって返してそれをハビエルに見せました。

「こんな感じのシャツを手に入れてほしいが、もしサイズが合うなら、これをハビエルに着てもらいたいな」

こうしてハビエルは、新しい衣装を作らず、私のお古を着てくれたわけです。ハビエルの腕は私の若いときよりすこし太いので袖口を広げなければなりませんでしたけれど。ショーで使っていた衣装なので、他のスケーターの衣装と取り違えないよう襟元に大きく「ブライアン・オーサー」と刺繍してあります。私の名前がそうやって入っているのに、ハビエルはそのまま着ていました。

ちなみにハビエルについては、プログラム選びだけでなく、衣装もすべて私たちが考えます。家族もスケート連盟もスペインにおり、練習や戦略には完全にノータッチだからです。他のスケーターはたいてい親やスケート連盟の意向を交えながら意見をまとめるのですが、ハビエルの場合はこうやって、私たちと彼のアイデアで戦略を決めます。

フリースケーティングの選曲は戦略的に考えました。ショートの「ブラックベティ」が先に決まりましたから、それとは対照的な曲を選びたい。私はいつもショートとフリーは対照的な曲を選ぶように心がけています。

２０１４―２０１５年シーズンのグランプリファイナルは、初めてスペインのバルセロナで開催されることになっていました。これまでフィギュアスケートに馴染みのない国ですから、ハビエルにとっては初めて地元のファンの前で滑る大きな国際大会になります。バルセロナの地で、母国の声援をたっぷり浴びせてあげたいと考え、ロッシーニのオペラ「セビリアの理髪師」を選びました。セビリアはスペインの街ですし、曲調も彼にぴったりでした。ハビエルは、誰かのキャラクターを演じて滑るのが好きなのです。地元の観客に讃えられて「セビリアの理髪師」を陽気に滑るハビエルの姿を想像して、これがベストの選曲だと強く確信しました。

ユヅル最悪の夜となった中国杯

あっという間に本格的なシーズンインが近づいてきました。ユヅルは、エントリーしていた10月のフィンランディア杯を腰痛のためにキャンセルし、グランプリシリーズの中国杯を初戦に定めました。ユヅルは、フィンランディア杯をキャンセルしたことに罪悪感を覚えていました。たくさんのメディアやファンが現地に行く予定でしたし、フィンランドの主催者もひじょうに楽しみにしていたからです。「皆をがっかりさせたから、中国杯は良い演技をしないと」と責任を感じていました。

中国杯までに腰痛は回復し、体調は万全な状態で上海入りしました。しかし演技の調子は好調ではなく、ユヅルはどんどん責任を感じていきました。本来ならシーズン初戦にピークが来るわけがないのに、ファンに対する責任感から少々焦っていました。いざ公式練習が始まると、ユヅルの焦りとは別に、選手同士が激突しそうになる危機一髪のシーンが何度もありました。試合直前の6分間練習ではなく、前日の練習のときからです。それでユヅルと、もうひとりの門下生ナム・グエン（カナダ）に、周りが見えていない選手がいるから気をつけるようにと伝えました。

「いつもひとりでリンクを独占して練習している選手は、他の選手の滑りや軌道が見えていない。こちらが気を遣わないといけない」

もちろんわざとぶつかる選手などいません。周りに気を配りつつ自分の技にも集中するという練習方法に慣れていないのです。

ショートの本番では、ユヅルは課題にしていた「後半での4回転ジャンプ」が決まりませんでした。これは先ほど話したとおり、初戦で成功する必要はないのですが、ユヅルは「フリーこそ後半で4回転を跳ぼう」と気合いを入れ直して翌日に臨みました。

そして、あの瞬間が訪れたのです。ユヅルはジャンプを跳ぼうと加速をしており、中国のエースである閻涵（ハン・ヤン）もスピードを出していました。お互いが速度を緩める間もなく、振り返った瞬間に正面から衝突しました。

事故が起こってしまったことに関しては、不運だったとしか言いようがありません。誰が悪いとか言っても仕方ありません。あれだけスピードのある2人が衝突したのですから、ちょっと転んだだけというアクシデントでは済みませんでした。ユヅルは氷から起き上がらず、ぐったりと横たわったまま動きません。

私はユヅルが無事かどうか、直ちに駆け寄っていきたい焦燥感にかられました。ところが、国際スケート連盟（ＩＳＵ）の規定では、あのような状況への対処や手順があいまいでした。決まっていたのは、「6分間練習の間は、コーチもいかなるスタッフも、リンクのなかへ入ることはできない」ことだけです。だから自分の靴のままユヅルのそばに駆けつけたいとどんなに思っても、それは許されません。しかし大会主催者側は6分間練習を中断することもしませんでしたし、医療スタッフをすぐに送りもしません。私は大声をあげて、「医療スタッフが必要だ！」と叫びました。「医療スタッフを呼べ、医者が必要だ！」と、何度も、何度も。

何分も経過してからやっと、中国人の医療スタッフがリンク内へと入っていきました。しかしいま思えば、あの人たちは正式な医療スタッフではなかったのだと思います。氷上で倒れて動けなくなっているユヅルの上体をいきなり起こしたからです。そんなことは、絶対にしてはならないことです。転倒して打った頭を動かしてはいけないのは、スケート関係者なら常識です。国際大会の医療スタッフは、一定以上の資格を備えているべきでしょう。もし首を負傷していたらどうなります？　脳震盪《のうしんとう》を起こしていたら、どうなると思いますか？　不用意に頭を上げたら、脳に障害が残ることだってありますし、再び転倒する危険性も十分にあります。正しい処置は、まず「大丈夫か？」と声をかけて、相手が起き上がってから本当に大丈夫かどうか再確認することです。それなのに彼らは、ユヅルをいきなり抱え起こしたので、私はもうその瞬間に、「Oh my God!（おい、あいつら、いったい何てことをするんだ！）」と叫びました。

幸いユヅルは頭を打っていなかったため、いきなり上体を起こされても意識を失うことなく、スタッフの肩を借りてリンクサイドまで戻ってきました。でもそれは不幸中の幸いだっただけで、スタッフの処置が正しかったわけではありません。

その後も混乱が続きました。中国の医療スタッフの処置に呆れた私は、他の医療関係者がいないのか、周りに声をかけました。会場にはカナダ人の理学療法士がひとり、米国チームの女性医師がひとり、帯同していることを知っていましたので、すぐに米国チームの医師に来てもらいました。その女性医師は冷静に、ユヅルが脳震盪を起こしていないかどうかの診断をしてくれました。脳震盪を起こしていれば、たいていすぐにわかります。吐き気を訴え、目眩《めまい》がして、簡単な計算もできません。医師の問診を受け、ユヅルの意識ははっきりしてきました。突然の出来事にショックを受けていましたが、受け答えはしっかりしていて、頭が混乱している様子もなく、英語で返答をしていました。ユヅルの目を見ると、私のほうをちゃんと見て、視点も合っていました。

頭から血を流していたのは、どうやら側頭部を切ったのであって、頭を打ったわけではないとわかりました。むしろ一番の痛みは脚でした。左太ももを打ちつけていました。脚には大きな筋肉があって身体を支えていますから、脚をケガすると急に体力を奪われ、コンディションが悪くなります。そのためにユヅルはぐったりしていたのです。米国の医師は、ほんの数分の間にそういったあらゆることを問診、診察してくれました。彼女は最終的に、こう意見を出しました。

「脳震盪ではないようです」

ただし彼女は立場をわきまえていましたから、試合に出るべきかどうかのアドバイスには言及しませんでした。それは選手とコーチに委ねられる部分だからです。

私にとって大切なのは、ユヅルの心身の状態です。グランプリファイナルに行けるかどうかよりも、それははるかに重要です。ですからユヅルには、「無理をするな。棄権したって大したことじゃない。ここでヒーローになる必要はないんだ」と繰り返し伝えました。しかし驚いたことにユヅルは、どんな状態でも試合に出ると心のなかで決めていました。その決心は揺るがず、私はユヅルの判断を受け入れることにしました。

演技はある意味、ひじょうに劇的でした。ただし、それは素晴らしい演技という意味ではありません。脚をケガしているうえに、ショック状態もまだ残っていたのですから。ユヅルは5度も転び、そのたびに立ち上がっては、演技を続けました。

あの衝突事故は、他の選手も動揺させたようです。衝突した相手であるヤンは同じく負傷していて散々な出来でしたし、優勝したマキシム・コフトゥン（ロシア）でさえ良い演技とは言えませんでした。誰にとっても、最悪の夜でした。

ユヅルは最後まで意地で滑りきったことで、2位でした。グランプリファイナルへ出場の可能性をつないだのです。ユヅルは感極まって泣いていました。「なんて馬鹿で可愛い息子なんだ」と褒めてあげたいところですが、健康状態が心配で、手放しでは喜べませんでした。精密検査をまだ受けていませんでしたから。

ユヅルはすぐに日本へ帰り、精密検査と治療を受けました。その結果、脳には異常がないことを確認し、ケガも脚の打撲であって選手生命に影響するようなものではないとわかりました。その報告をユヅルから受けて、私はようやくホッとできたのです。

国際スケート連盟の対応

選手が衝突事故で倒れ、しかも大会側の医療スタッフがきちんと対応できず、出場するかどうかの判断が私と選手に委ねられる――コーチである私にとって、こんな立場になったのは初めてのことでした。米国チームの医師が対処してくれましたが、選手の意思で出場することを誰も止める権利がありませんでした。

あのような事故にどう対処するかについて、その後、国際スケート連盟（ISU）では何度も議論が重ねられました。私がISUに伝えた提案は、「コーチや選手に出場か棄権かの判断を委ねるべきではない」というものでした。中立的な立場の人間が、選手の安全を考慮して判断すべきだ、と。もしもあのとき、脳に何か深刻なトラブルがあり、試合に出たことで後遺症が残ってしまったら、その責任はすべて私が負うことになります。実際のところ、問診後にユヅルが出場の意思を示し、6分間練習に加わることになったとき、私は日本のチームにこう言いました。

「6分間練習が再開され、ユヅルがリンクに戻ったからといって、必ずしも出場するという意味ではない。その6分間練習の間、ユヅルの滑りに目を光らせ、本当に大丈夫かどうかを見極める。試合に出るウォーミングアップとして6分間練習に参加するのではなく、健康状態を見極めて最終判断をするのだ」

しかしファンは大喝采でユヅルを迎え、応援の声が飛び交いました。頭に包帯を巻いた状態を押して試合に出るヒーロー物語に、誰もが舞い上がりました。あのような6分間練習の後で「やっぱり痛いのでやめます」とは、ユヅルが言えるはずもありません。会場の雰囲気は、本当に異常でした。ですから私はISUに提言したのです。「あのような状況では、他の誰か、医療関係者やチームのスタッフが出場の判断を下すべきだと思います。必要なのは『あなたは出場できません』と言える立場の人間です。事故があった場合に、コーチや選手に判断を委ねるべきではありません」と。それはコーチにとってだけでなく、最終的には選手にとっても良いことになるからです。

この2014―2015年シーズン後の会議で、医療スタッフに関するISUのコミュニケーション（規則）が変わりました。いや、変わらざるを得なかったのでしょう。新しい規則では、大きな国際大会ではつねに医療責任者を置くことはもちろん、その医療責任者がケガや事故の状況を判断して、危険と考えた場合は「あなたは出場できません」と言う権限を持つことになりました。国際大会では、こういった一定のユニバーサルな基準が必要です。各国独自の基準ではなく、選手の命を守るための国際的な基準が必要であることを、ＩＳＵは理解してくれたのだと思います。

事故後にあえてハードな練習を課す

中国杯後、ユヅルが無事であることを知り、あの件はもう終わったと思うことにしました。そして次なる懸念は、中国杯からＮＨＫ杯までわずか3週間しかないことでした。脚のケガ以上に心配だったのは、事故のショックによる心理的な後遺症です。練習中に他の選手が近づいてきたら恐怖を感じてしまうでしょう。人間であれば当然のことです。事故を忘れ気持ちを落ち着かせるためのタイムラグが必要でした。でも日本では、連日のように事故のニュースや、演技したことを医療的に問題視するニュース、ユヅルの状態に関するニュースが続いていたそうです。日本で治療していたユヅルの耳には嫌でもそうしたニュースが入り、彼は大騒ぎになっていることへの責任を感じていました。メンタルを回復させるどころか、出場の判断をしたことに責任を感じていたのです。

NHK杯のために大阪入りし、約2週間ぶりにユヅルに再会したとき、彼は元気そうにふるまっていましたが、ベストのコンディションではありませんでした。それでもユヅルは試合に出るのは当然で、むしろグランプリファイナルへの出場を狙ってさえいました。中国杯で2位ですから、NHK杯で2位か3位に入ればファイナル進出の可能性がありまず。しかし私は、ユヅルや日本のチームにこんな忠告をしました。「たとえグランプリファイナルへの出場権を得たとしても、辞退して休養し、全日本選手権と世界選手権に向けて備えたほうがいいのではないか」。私にはそれ以外に選択肢がないように思えました。

実際、ユヅルの演技は彼本来の力からは遠いものでした。多くのミスをして、総合4位。いったんはファイナル進出の可能性は潰えたかと思われました。でも数字のあやで、例年だと中国杯2位とNHK杯4位では進出は難しいのですが、この年は6番目の最後の枠で進出を決めました。強運でした。

ユヅルのことですから当然辞退などしません。全力で戦おうと気持ちが高まっていました。バルセロナまでの1週間ちょっと、トロントに戻って練習するには移動の負担が大きいと考え、日本でひとりの練習をすることになりました。私が日本に残ってあげたいのはやまやまでしたが、他の生徒たちがいますからトロントに戻らざるを得ません。そこで私は、オリジナルの練習メニューを作ってユヅルに渡すことにしました。

NHK杯が終わり、大阪から東京に向かう新幹線の中で練習メニューを作りました。東京では、この本の前著となる本『チーム・ブライアン』の出版会見を行いました。メディアからの質問に答えて、誤解されているユヅルのケガの状況を説明し、今後の練習方針について語りました。あの状況下でユヅルがメディアに対応するのは大変なことで、身体的にも精神的にも疲れます。メディア対応を一手に引き受けてすこしでもユヅルの負担を減らすという点で、意味がある会見だったと思います。

練習メニューの話に戻りましょう。NHK杯が終わったのが11月30日で、そこからグランプリファイナル（12月11日〜14日）への移動日まで、8日間しかありません。その8日分の綿密な練習メニューです。それはこんな内容でした。

まず毎日のベースとなる練習は、フリーの練習です。「オペラ座の怪人」の曲をかけて本番同様にジャンプもスピンもすべて入れる、通称〝ランスルー〟と呼ばれるものを2度続けてこなした後に、3つのスピン練習を連続して行う。ここまでが毎日の練習です。月曜日にはそれに加えてショートのショパン「バラード第1番」のランスルーも2度行います。火曜日は、最初のセッションでフリーの曲をかけながらジャンプなしでウォーミングアップを行い、次のセッションでは本番同様の〝ランスルー〟を行う……。そんなふうに、かなりきつい練習メニューでした。ユヅルはこのメニューを喜んでいました。トロントへ戻った私への連絡では、「メニュー通りに練習している。でもとてもハードだ」と嬉しそうに言っていました。

なぜ事故後のユヅルに、こんなにハードな練習を課さねばならなかったか。それはコンディションを上げるためです。

NHK杯前、ユヅルの様子を見ると脚のケガはだいぶ回復していました。むしろ中国杯後に休養した練習量不足のために体力低下を招き、調子が狂っていました。NHK杯でミスを重ねた原因はケガのせいではなく、まともに練習できていないために身体感覚が鈍っていたからです。身体のコンディションを整えるためには、心肺機能を高める循環器系のトレーニングが必要です。ですから私が渡した練習メニューは技術を磨くためのものではなく、心肺機能を強くするためのものでした。頭を使って技術を修正するよりも、ハードな練習で休んでいる身体を目覚めさせ、調子を上げようとしました。

この練習メニューは、ユヅルのコンディションをうまく刺激しました。12月10日にバルセロナで再会したとき、コンディションはひじょうによくなっていました。コーチとしては最後まで、「ファイナルには出場せずに、世界選手権に照準を絞って休養させたい」という気持ちがありましたが、モチベーションが上がっているユヅルの前では、そういった消極的な意見は呑み込みました。ハードな練習メニューをこなしてコンディションを上げてきたユヅルを見て感心し、応援しようと心に決めました。

実際のところ、グランプリファイナルの演技は素晴らしいものでした。ショートでもフリーでも4回転を成功させ、2連覇を果たしたのです。心身ともに限界だったに違いありません。それでもここまでコンディションを上げてきたユヅルに、尊敬の念すら抱きました。練習メニューを作ったコーチの私ですら、信じられないくらいの活躍でした。

あのファイナルの夜は、忘れられない素晴らしい夜になりました。もちろんそれには、これから語るハビエルのドラマも加わります。

スペインのファンの前で極度の緊張

ユヅルが劇的なシーズンを送る一方で、ハビエルも大切なシーズンを過ごしていました。私にとって大切なのは、この2人をバランスよくサポートし、それぞれが自分のドラマのなかで主人公として輝けるようにすることです。ユヅルのケガは大事件でしたが、だからといってハビエルを放っておくわけにはいきません。子育てと同じです。

ハビエルにとっては、オリンピック4位となった後のシーズンです。しかもグランプリファイナルは自国開催ですから、グランプリシリーズで上位6人に残り、ファイナルに進出するのは、〝果たすべき仕事〟でした。

ハビエルは張り切ってシーズンをスタートさせ、スケートカナダは2位。無良崇人がとても良い演技で優勝しましたから、まあまあの出だしです。その後、中国杯でユヅルの事故が起きました。自分の仲間がケガをしたのですから、ハビエルはとても気の毒がっていました。しかもトロントにユヅルが戻ってこなかったためにハビエルにとっては練習環境が変わる事態となってしまいました。ハビエルはかなりシリアスな状態で自分の練習に集中しようとしました。ロシア杯で優勝し、グランプリファイナル進出を決めました。

自国開催のグランプリファイナルは、彼のスケート人生のなかで初となるイベントです。日本、カナダ、アメリカ、中国、フランス、ロシアの6ヵ国の選手にとっては、グランプリシリーズは毎年、かれらの自国で開催されます。これらの国々でフィギュアスケートはとてもメジャーなスポーツで、大勢のファンがいて、スケートを理解しています。その6ヵ国が母国のスケーターたちは、「過度の期待で緊張しつつも、応援を味方にしながら滑る」経験をするチャンスが、毎年あります。

しかしハビエルの場合、自国開催の国際大会経験がありません。スペインではフィギュアスケートの大きな国際大会を開いたことがないのです。フィギュアスケートを生で見たことのあるファンも、ほとんどいません。そのことについてハビエルと話をしました。「自国開催の大会は他の試合とは全然違うものだよ」と。とはいえ自国開催の精神状態は経験してみないとわからないものです。ハビエルが本番でどんな精神状態になるのか、どうプレッシャーを乗り越えるか、まずは見守るしかありませんでした。

結局、ショートの演技は最悪でした。緊張してとんでもない演技になりました。4回転サルコウで転倒しただけでなく、他のジャンプでもミスがあり、6人中5位。彼は塞ぎこんでしまいました。母国のファンを目の前でガッカリさせたことで、自分自身に失望してしまったのです。ハビエルは皆に気を配って陽気にふるまうぶん、落ちこんでしまうと近寄れないし、話しかけられなくなります。落差が激しいのです。

でも幸いなことに、ショートは12月12日、フリーは14日だったので、間に1日休みがありました。気持ちを切り替える時間があるな、と思いました。それでこう言いました。

「ハビエル、これは絶好の機会なんだ。この休みがあれば気持ちを切り替えられるぞ。それに観客の力を利用しない手はないぞ。彼らはハビエルを応援するために、わざわざ会場に足を運んでくれているのだからね。母国のファンが自分だけに注目している……それは君には初めての体験だが、他の選手は毎年同じ体験をしていて、君は初体験をしているに過ぎないよ。これは誰にとっても難しいことで、慣れるしかないのだから、そんなに大げさに緊張する必要はないんだよ」

そう言って聞かせるうちに、ハビエルはやっとフリーのことを考えられるようになりました。もちろんショート5位という状況そのものが変わるわけではありませんが、とにかく乗り越えるしかない。失敗を体験し、次に成功を体験するしかないのです。

2日後、ハビエルは変わりました。見事にスイッチを切り替えました。モチベーションがガラリと変わり、「地元だからメダルを獲らないといけない。せめて3位には入らないと」という考えは完全に消え去っていて、順位は気にもかけていませんでした。ただ「フリーでは良い滑りをしたい」とだけ思っていました。そうやって自分に集中したときは、たいてい良い演技ができるものです。ハビエルは本番前にワクワクしていましたし、4回転を成功させ、ファンの前で力を発揮できました。最終滑走者ユヅルの直前の時点では、なんと総合1位に追い上げていました。名誉挽回です。

さらに誇らしいことに、ハビエルは最終滑走者であるユヅルの応援をしたのです。ユヅルが事故を乗り越えて力を発揮したのを見て、本当に喜び、讃えていました。自分が首位で待機しているにもかかわらず、「地元だから自分が優勝したい」などと考えないのが、ハビエルの可愛いところです。

結果は、ユヅルが優勝し、ハビエルは銀メダルでした。これはスペインのファンを十分に喜ばせましたし、ハビエルはほっとしている様子でした。私は、ハビエルが初めての地元開催で精神的な成長をみせたことに、喜びを感じました。ユヅルも、ショート5位から追い上げたハビエルの活躍を喜んでくれました。母国のファンの前で滑る難しさを、ユヅルはよくわかっていたからです。2人がお互いフェアな精神を持っていて、コーチとして本当に誇りに思える瞬間でした。

この2014年グランプリファイナルが、私の生徒が世界1位と2位を独占した最初の試合でした。それ以降、2016年世界選手権に至るまで、ユヅルとハビエルがつねに1、2位を繰り返し獲得していくことになりますが、これだけ素晴らしい成績を維持し続けている一番の要因は、2人がお互いを讃え合い、フェアなスポーツ精神を持っているからだと思います。

あの夜は、本当に忘れられません。2人の心の成長を見届けた、まるで父親になったような気分の夜でした。

同じリンクの仲間が見えないプレッシャーを減らす

ここでちょっと自国開催の大会についてお話ししておきましょう。自国開催は、スケーターにとってひとつの登竜門、人間性を試される道場のようなものです。

私には、いろいろな〝自国開催〟の経験があります。現在のグランプリシリーズにあたるスケートカナダには何度も出場しましたし、1984年にはオタワで開催された世界選手権に出ました。またカナダの国内選手権も、いまの全日本選手権のように盛り上がる大会でした。そして最もワンダフルなイベントは、1988年のカルガリーオリンピックでしょう。

ユヅルが日本で開かれるオリンピックに出場するときのことを想像できますか？　ファンがどれだけ大きな期待を持ち、メディアがどれだけ騒ぎ、どんな順位予想が繰り返し報道されるのか。ちょっと想像しただけで怖いでしょう?

私がカルガリーオリンピックに出場したときは、それはもう大変な騒ぎでした。アメリカ代表のブライアン・ボイタノと私の2人が群を抜いて2強の時代で、名前も同じだったので〝ブライアン対決〟として注目されました。1986年世界選手権はボイタノが、1987年世界選手権は私が優勝し、1988年オリンピックの金メダルは2人のブライアンの争いだったのです。

オリンピックシーズンが始まると、さらにデッドヒートとなりました。シーズン前半の1987年のスケートカナダでは、私が1位、ボイタノが2位。オリンピック1ヵ月前の国内選手権は、それぞれが優勝しました。

当時の私は26歳でした。すでに精神的にも成熟していてプレッシャーにうまく対処する覚悟もできていました。しかし、自国で開かれるオリンピックとは、本当にハードなものでした。1年間ずっと日常生活でもプレッシャーを感じ、メディアの取材が格段に増え、緊張を解く時間はほとんどありません。優勝を争うどころか、2位すら獲れないかもしれないという気持ちになる日もありました。

結果は銀メダルだったわけですが、フリーではトリプルアクセルを成功させ、良い演技ができました。少なくとも、銅メダル以下になって国民の期待を裏切るようなことはありませんでした。

しかし30年近く経ったいま、ハビエルとユヅルを見ているうちに、新たに気づいたことがありました。ひょっとしたら、私もボイタノと一緒に指導を受けていれば、もっといい精神状態で試合に臨めたかもしれないということです。お互いが見えないところで練習していると、あれこれ想像してしまうものです。自分が調子の悪い日は、ボイタノはきっと調子がいいのだろうなと勝手に思い込んでいました。でもいまの2人のように、最高の友達どうしとして切磋琢磨していれば、毎日の練習がもっとポジティブになったかもしれません。私だってボイタノと仲よくしていたかったのです。

そんなふうに思い至ったのは、ハビエルのグランプリファイナルでの演技を見たからです。あのバルセロナの会場は、ファンと選手の距離が大変近い造りでした。それに加えて、あのラテン系のスペインの観客です。大きな歓声が飛び交いました。極度の緊張状態のなか、ハビエルはショートこそボロボロでしたが、フリーでは応援を力に変えて最高の演技をしました。こんなに簡単に自国開催の重圧をはねのけるには、参考になるお手本が必要だったはずです。ユヅルは日本開催の試合に慣れていて、いつも力を発揮しています。一緒に練習しているユヅルができるなら僕も……。ハビエルには、そんな切り替えがあったように感じました。

2人のライバル関係は、1988年の私とボイタノと同じような構図です。でも私たちと違うのは、2人ともチーム・ブライアンの仲間であり、お互いに敬意を払い、良いところだけを吸収し合っていることです。これがどれだけ〝見えないプレッシャー〟を軽減するのに最適の手法か、計り知れません。

あのグランプリファイナルは、大勢のスペイン人がスケートを好きになるきっかけになった大会でした。その後は、ハビエルが出場する試合には、カナダでもアメリカでもフランスでも、スペインからファンが応援に駆けつけてくれるようになりました。ハビエルは自国開催の試合でなくても、会場にいる自国のファンの期待に後押しされながら、応援を力に変える体験ができるようになったのです。

ハビエルに刺激されてスペインの若い選手が育つのも間もなくでしょう。もうすぐスペインでのフィギュアスケートは変わります。スポーツが変わるために必要なのは、たったひとりのヒーローなのです。韓国がいい例でしょう。いまや韓国ではフィギュアスケートは人気競技のひとつで、平昌オリンピックの招致にも成功しています。そのブームを起こしたのは、キム・ヨナというたったひとりのヒロインでした。

日本の場合は、以前からつねに良い選手を輩出してきました。渡部絵美、伊藤みどりや佐藤有香、荒川静香と世代がつながっていきましたし、男子選手も本田武史や高橋大輔などビッグスターばかりです。日本人選手にとって、自国開催の重圧を経験している先輩がたくさんいるのはいいことです。

こうして自国開催の試練を乗り越えたハビエルは、精神的に大きく変化しました。「自国でいい演技ができるのなら、他のことはたぶんもっと簡単にできる」とね。

グランプリファイナルの後、ハビエルには急に責任感が生まれました。年末にスペインの国内選手権に出た後、家族と年を越してエネルギーをチャージすると、年明けの２０１５年１月の欧州選手権で３連覇を果たしました。ファンに支えられ、２０１５年世界選手権へと向かっていきました。

ヒーロー凱旋の全日本選手権、そして手術

ユヅルは全日本選手権で連覇を果たし、エースの地位を不動のものにしました。しかし

その一方で、ユヅルの身体には大きな問題が起きていました。彼は試合の間ずっと、腹部に炎症を抱えていました。試合は棄権しないとユヅルは言い張るのですが、本人以外にはどれほどの痛みかわかりません。中国杯の事故後も試合に出たユヅルですから、どんなに痛くても出場を選んでいたのでしょう。それでもショート、フリーともにファンの期待に十分に応える演技を見せました。腹痛を抱えているなどとは周りに気づかれないくらいに良い演技でした。私はユヅルの心意気に感心する一方で、身体が心配でした。

ユヅルは全日本選手権のフリーの翌朝、エキシビションをキャンセルして病院に向かいました。精密検査を受けたところ、根本的な疾患があると診断され、手術を受けることになりました。次々と襲いかかる不運。いったいぜんたいユヅルの身になぜこんなに苦難が襲いかかるのか。私がサポートしようのない出来事が続きました。どうやら尿膜管遺残症という疾患だったそうで、手術後にユヅルが患部の写真を見せて説明してくれたので、インターネットで調べて理解しました。ユヅルの腹部には生後に退化するはずの尿膜管が残っていて、そのまま成人になっても放置する人もいるけれど、ユヅルの場合は細菌に感染して炎症を起こしたとのことでした。

手術はかなり大がかりなものでした。開腹手術だったので、腹筋にメスを入れました。

アスリートにとって、シーズン中に開腹手術を受けるのは致命的です。腹筋の筋膜を切ると筋力が落ちますし、手術後しばらくは腹筋に力を入れることさえできなくなります。しかも手術後は2週間の入院と1ヵ月の安静が必要とのことで、2月下旬までは絶対安静だとわかりました。正直なところ、「今季はもう休養させたほうがいい」と思いました。無理をして致命的なケガをするほうが、将来的にマイナスだからです。

でもユヅルのことですから、世界選手権に出たがるのはわかっていました。ですから私のほうから「休養しよう」と言ってユヅルのモチベーションをかき乱すことがないよう、まずはユヅルからの連絡を待つことにしました。

ユヅルは退院後、日本で軽い自主練習から始めました。手術明けで筋力が落ちていますから、メールでやりとりしながらコンディションを細かく聞き、手探りで新たな練習メニューを考えました。毎日メールでやりとりし、その日の状態を聞いてから翌日の練習を決める。これの繰り返しでした。ただ幸いなことに、体調の回復具合、手術後の経過、練習の進捗状況などの詳細な報告がありましたから、むしろ上海での世界選手権がだんだん楽しみになっていったほどです。

本来なら、ほんのすこしの期間でもトロントで練習したいと思っていましたが、トロントの気温が氷点下と寒く、ユヅルが軽い捻挫もしていたので、大事をとって3月末まで日本での練習にしました。そのためユヅルにやっと再会できたのは上海、つまり世界選手権の開催地でした。そこでユヅルの変わらない様子を見て、とにかくホッとしました。手術後、まともな練習は1ヵ月ほどしかできていないにもかかわらず、スケーティングもジャンプも、何もかもが世界選手権で優勝を争えるレベルに仕上げられていたのです。見事なものでした。

唯一の心配は、あの中国杯での衝突事故が起きたのと同じ会場であることでした。英語の表現を借りれば、「have some demons to deal with（対処しなければならない悪魔がいる）」状況です。同じホテル、同じバス、同じ会場なのですから。いくつかのメディアからも、「同じ会場だがトラウマはないか、恐怖心はないか」と質問を受けました。しかしユヅルは大したものでした。「まったく違う大会だから関係ない。気にしていない」と堂々と答えていました。

実際に会場へ着いてみると、心配は取り越し苦労だったとわかります。やはり世界選手権には独特の緊張感やオーラがあり、中国杯とは違う大会でした。会場を包み込むエネルギーがまったく異質なものでした。それでユヅルはさらに調子が上がり、練習は好調でした。初日の練習次第では、トラウマや恐怖心を取り払うためのアドバイスが必要だろうと構えていたのですが、それも私の取り越し苦労でした。私がホッとしていたからでしょうか、ユヅルもトロントのコーチや仲間と会えたことで安心しているのがわかりました。やっとチーム・ブライアンの皆が顔を揃えることができました。

一方のハビエルは1月からトロントで私たちと一緒に練習していました。ハビエルは、仲間がいて冗談を言ったり、刺激を受けたりしてこそ頑張れるタチです。自分ひとりで世界選手権を目指す環境は、すこし寂しいもののようでした。

その寂しさを忘れようとしたのか、ハビエルは1月からの3ヵ月間、ユヅルについて一言も口にしませんでした。リンクに出入りする日本人や関係者がユヅルの噂話をしていましたし、インターネットを見て情報を得ていましたが、ハビエルが自らユヅルについて語ったことは一切ありませんでした。ライバルたちのことも話題にせず、とにかく自分だけに集中していました。これは良い集中でした。だから私はハビエルに対して、「ユヅルはこんな状況だよ」といった報告はしませんでした。それは仲が悪いのではなく、健全な関係なのです。

ハビエルにとっては、成長するための3ヵ月というよりは、寂しさを心の奥に隠して、ただ目の前にある課題に集中する3ヵ月でした。ハビエルがもうすこし好戦的な人物なら、ユヅルの弱った隙に世界選手権で優勝しようと思うでしょう。しかしハビエルは謙虚ですし、ユヅルが別格の選手であることは近くにいるからこそよくわかっていました。ですから、ユヅル不在のなか練習していた私とハビエルは、「世界選手権で優勝する」を目的には定めませんでした。ハビエルには「もっとうまくなろう」としか言いませんでした。ユヅルが目の前にいないからといって、ではハビエルだけを優勝させようとしたら、2人双方から信頼を失っていたことでしょう。

ショート1、2位からのデッドヒート

いよいよ世界選手権本番が始まりました。ショートでは、ユヅルはすこしミスがあったものの95・20点で首位、ハビエルが92・74点です。2015年世界王者の決定は、私の教え子2人の戦いに持ち込まれた状況でした。

フリーでユヅルは3本のジャンプでミスをしました。ハビエルはフリーで4回転ジャンプをひとつ多く準備していたので、勝敗はハビエルに委ねられた状況になったとわかりま

した。しかし私は２人のコーチです。どちらかを勝たせようとする心理は災いを招きます し、もともとそんなことは考えてもいません。ユヅルをキス＆クライに座らせると、私は すぐにハビエルのところへ行き、いつも通りのアドバイスをしました。ユヅルの演技内容 には一切触れません。もし逆の滑走順だったとしても同じことです。それがフェアなスポ ーツマン精神であり、コーチに求められる態度です。

ユヅルは１７５・８８点で、彼としてはベストのスコアではありません。フリーの得点 は、先に滑り終えているデニス・テン（カザフスタン）が、その時点で首位でした。総合点 ではユヅルが首位でしたから、会場の注目は、「これから滑るハビエルと、いま首位のユ ヅル、どちらが勝つか」に集まりました。しかし私の頭の片隅には、デニスの演技が記憶 に残り、彼に大きな勢いを感じていました。世界選手権でのコーチの仕事には、自分の生 徒のサポートだけでなく、ライバルの成長や採点傾向のチェックもあります。選手は自分 に集中しますが、コーチは大会全体を見渡さなければなりません。それでデニスには注意 する必要があると直感したのです。

デニスは、ロシアのコーチのもとでロシア的なスタイルの指導を受けた後、米国の名伯 楽フランク・キャロルのもとに移りました。いまのデニスの基礎にあるのは、キャロルの特徴でもあるアメリカンスタイルです。大変洗練された、つま先まで美しいランディングと、きれいな背中のラインが特徴です。こういう演技が高く評価されたことを、来季からの指導に生かそうと、頭の片隅に刻みました。

話をハビエルに戻しましょう。ハビエルはユヅルの演技のことは何も知らないままリンクに出ていき、4回転サルコウで転倒した以外は、ほぼ演技をまとめました。コーチなら採点を待たずして、およその得点はわかります。私は頭の中で得点を計算し、総合点ではハビエルが優勝だな、と思いました。ユヅルがソチオリンピックで優勝したときは、後にパトリック・チャンが控えていて勝敗が未定だったので、キス＆クライで一緒に祝うことができませんでした。しかし今回は、ハビエルがいまから初の世界王者になるわけです。どんな祝福の言葉をかけようかと考え、ワクワクしました。

ところがハビエルは、自分がいくつかミスしたことで頭がいっぱいで、ユヅルに負けたと思い込んでいました。そこへ、フリーの得点181・16点が表示され、電光掲示板に「2位」と出ました。これは「フリーで2位」という意味です。デニスがフリーは1位でしたから。でもハビエルは、「ユヅルが総合1位で、僕は2位だ」と思い、大きなリアクションをしませんでした。それで私は、「いやいや、ちょっと待つんだ」と言いました。

すると大画面に「総合273・90点、1位」の最終結果が表示されました。

ハビエルは自分が優勝したことに気づいたものの、驚き、戸惑っていました。そんなハビエルの様子を、すぐ隣で見るのはちょっと面白かったですね。率直な反応でした。

私はハビエルを誇りに思うと同時に、ユヅルのことが頭をかすめました。これだけ困難なシーズンを乗り越えた後、優勝をぎりぎりのところで逃したのです。悔しいはずです。ですから私はふるまい方に気をつける必要がありました。跳び上がってヤッホーと喜ぶわけにはいきません。ハビエルの優勝だけを喜んでいると誤解されると、ユヅルを傷つけることになります。それで私はテレビの画面から外れてから、ハビエルにこう言いました。

「これで、君の人生は永久に変わった。君は世界王者なんだ。永遠の名誉だ。その称号を誰にも奪われることはない。世界タイトルを勝ち取ると人生が変わるよ」

ハビエルと私の4年間が報われた瞬間でした。実際に、世界選手権やオリンピックのタイトルを取ると人生が変わります。いままでよりもお金を稼げますし、同時に大きな責任も背負います。ですから選手は賢明でなければなりません。ハビエルにはその準備ができていました。この勝利が、単なる自分の喜びではなく、彼を応援するファンとスペインのスケート界の人たちにとって重要であると理解していました。彼はスペイン初の世界覇者として、スペインの歴史の1ページに記されました。

記者会見では、ユヅルもハビエルも最高のアスリートでした。顔を見合わせながら仲よさそうに話していました。ハビエルは好感の持てる男で、誰からも好かれています。ユヅルは尊敬すべきアスリートで、誰もがその活躍に勇気づけられます。2人のアスリートに対して人々が抱くのは、違う種類の好意です。

この世界選手権ではナムも5位と健闘をし、私の教え子は1位、2位、5位でした。本当に素晴らしいことです。試合が終わりホテルに戻ると、私はちょっとばかり胸を張ってロビーを歩きました。周りの人からは、胸が誇りで膨らんだ状態に見えたと思います。私はまずカナダチームのところへ行き、世界選手権に出たカナダ選手や関係者の労をねぎらいました。自分の生徒が金銀メダルだとしても、お世話になっている関係者にまず礼儀を尽くすのが、この世界では大切なことです。その後、私はスペインの関係者が集まっている部屋へ行き、ハビエルや関係者とシャンパンで乾杯しました。とても和《なご》んだ気持ちになる夜でした。

ユヅルに対してはすこし違う対応をしました。ハビエルは笑顔で乾杯すればすべてがOKというタイプですが、ユヅルが次に進むためには、理論的に納得する言葉が必要です。

会場を離れる直前に、私はユヅルに声をかけました。「本当に激動の一年だった」「あまりにもいろんなことが起きた一年だった」「このとんでもないシーズンを乗り越えたユヅルのことを誇りに思うよ」と。

私の頭のなかを衝突、負傷、手術……たくさんのことが走馬灯のように巡りました。このシーズンがどんなに大変だったかは、ユヅルにしかわからないことです。「気持ちがわかるよ」などと言うことはできません。私から言えるのは、こんな言葉だけでした。

「さあ、気を取り直して、前へ進もう」

解　説

２０１４―２０１５年シーズン

このシーズン、チーム・ブライアンは平昌オリンピックに向けた新たな4年をスタートさせた。トップ2となる愛弟子は、ソチオリンピック王者となった羽生、惜しくも同4位となったハビエル・フェルナンデスである。コーチであるオーサーにとっては、明暗分ける結果となった2人にどんなゴールを設定し、どうチームを再結成していくか、手腕の問われる2014年のオフとなった。フェルナンデスは、そのオリンピック翌月にさいたま市で行われた世界選手権で銅メダルを獲得し、自分がオリンピックのメダル圏内だったことを改めて痛感した。

「オリンピックに向けて努力してきたことがムダではなかったと証明されたし、自分はメダルを目指せることがわかりました。平昌オリンピックでは『メダルを目指しています』と宣言して参加できるくらいの選手になります」

もともと目標を宣言するタイプではないフェルナンデスには初めてといってもいい、「オリンピックメダル宣言」だった。

一方の羽生は、オリンピック王者の地位に満足することはなかった。

「オリンピック王者になったからといって、僕のスケートへの気持ちが変わることはない。『頑張ろう、成長しよう』という気持ちはずっと続きます」

そう宣言すると、さらなる進化のひとつとして「演技後半に4回転を入れる」という挑戦を掲げた。

しかし2014―2015年シーズンが始まると、まったく別次元での試練が次々と羽生を襲った。中国杯ではフリーの6分間練習でハン・ヤンと衝突し負傷、太ももの打撲に加え、頭やあごを切り流血するアクシデントとなったが、試合参加を選択し、最後まで滑りきって2位となった。ただし、ことは単なる根性論では済まなかった。側頭部からの流血は「脳震盪なのに試合に出た」との印象を与え、社会問題になるほどの騒ぎに発展した。オリンピック王者の地位、羽生の人気ぶりが、いかに社会に大きな影響を与えるかを実感させる出来事だった。

さらに羽生は年末に尿膜管遺残症の腹痛のために入院、開腹手術を受ける。1月は絶対安静の時期が続く。トロントに戻ることができず、オーサーとはメールで連絡をとりながら日本で自主練習を行い、世界選手権連覇を目指した。

フェルナンデスのほうは、人が変わったように練習熱心な若者になっていた。誰にでも陽気に話しかけ、チームのムードメーカーであることに変わりはないが、いままでとは違う重圧、成功したときの喜びを感じるようになっていたのだ。しかもグランプリファイナルが地元スペインで初開催となり、スペイン唯一のトップ選手である責任を感じていた。

「スペインではまだフィギュアスケートは人気競技ではありません。今回の試合で初めて生で見る人がほとんど。だからこそスペインの皆がフィギュアスケートを好きになるような演技をしたい」

そう決意したフェルナンデスは、ショートこそ重圧に負けて5位となったものの、フリーは地元愛をパワーに変えて2位となり、銀メダルを獲得した。自信をつけると、欧州選手権は3連覇。世界選手権では4回転をショートで1本、フリーで2本成功させ、初優勝に輝いた。

「絶対にユヅルが優勝だと思っていました。これはスペインにとって初の世界選手権の金メダル。夢だったけれど、夢にすぎなかった。でもユヅルが一緒に練習するようになってからは彼に刺激され、意識も練習量も変わりました。支えてくれたコーチ、そしてユヅルにありがとうを言いたいです」

記者会見で、フェルナンデスは感極まって目を潤ませた。すると横に座っていた銀メダリストの羽生が言った。

「これまでいつも僕が一緒の試合で勝つと、ハビエルは『おめでとう、ユヅルを誇りに思うよ』と言ってくれました。今回は逆の立場になって、僕は心が狭いので悔しいし、次は勝ちたいと思います。でも反面、チームメイトが優勝するのはこんなにも嬉しいものなんだなとも思いました」

ライバルであるだけでなく、チームメイトだから強くなれる。最強の2人をより進化させたのは、チーム・ブライアンの結束力だった。

第2章

私たちの強さの秘密

大勝利のシーズン後に感じた異様な疲労

ハビエルは初の世界王者へと成長し、ユヅルは苦難のシーズンを乗り越える忍耐力を見せつけてくれました。大きな成果のある2014―2015年シーズンでしたが、一方で私は「本当に疲れてしまった」のが正直な感想でした。2人が残した成績は〝結果オーライ〟でしたが、爽快感よりも、何か不完全燃焼のような疲労を感じてしまいました。

ユヅルのケガや病気は避けられなかったこととしても、コーチの立場として何かもっと良いサポートができたのではないか……。ユヅルとハビエルの2人に集中するあまり他の選手に対する指導が足りない部分があったのではないか……。オリンピック翌シーズンなら多少は余裕を感じていいはずが、ソチのシーズン以上に疲れていたのです。

2015年の世界選手権が終わり、各国のアイスショーや休暇へと散っていく選手を見送ると、私はひとり、この一年を振り返りました。一体この異様な疲れは何なのか……。

まず思い至ったのは、「選手の人数」です。つまり「チーム・ブライアンの規模」でした。

2014年ソチオリンピックの直後、多くの選手やコーチから、「チーム・ブライアンに行けば魔法をかけてもらえる」とばかりに、いろいろな依頼が殺到しました。たくさんのコーチがここで働きたいと希望し、多くの選手が門下生になりたいと電話やメールをしてきました。ソチオリンピック後、チーム・ブライアンは世界でも人気のある移動先のひとつだったのでしょう。ただしリンクはひとつしかないのですから、選手が増えすぎれば、混雑して練習するのが危なくなります。コーチが増えすぎれば、全員で同じゴールを目指すチームの一体感は薄れます。

正直なところ、私は「断る」のが苦手な性分です。自分のスケート人生を何とかしてよくしようと考えている若者の依頼は、本当に断りにくいものです。私はなかなか「ノー」と言えませんでした。適切と思える範囲で、何人かのスケーターを新たに加えました。

私のチームの場合、私がひとりで全員を教えるわけではなく、25人のコーチが一丸となって、全選手を指導します。スピン、ジャンプ、スケーティング、演技などの専門のコーチもいれば、子どもたちに基礎を教えるのが上手なコーチもいます。私は各選手のシーズン全体のスケジュールや指導の方向性を考え、ポイントとなるタイミングで個別レッスンを行います。ですから、何人かスケーターが増えても、クオリティを落とさない指導が可能だと考えました。実際に、新しく加わった生徒のなかには素晴らしい開花を遂げた選手もいますから、人数を増やしたことを後悔しているわけではありません。私のチームがサポートできた喜びは大いにあります。

たとえば、2004年12月生まれの天才児ステファン・ゴゴレフ。彼はロシア系のカナダ人で、皆がリトル・プルシェンコと呼んでいます。とにかく野心的で、まるでエフゲニー・プルシェンコ（ロシア）のように自分の進化に必要なことをこなす選手です。

韓国の有望新人、チャ・ジュンファンもチームに加わりました。韓国人の親御さんの熱心さはヨナのときによくわかっていましたが、やはりジュンファンのご両親も全身全霊をかけて彼をサポートします。2001年10月生まれで、2014—2015年シーズンは13歳ながら韓国国内選手権で表彰台に登り、2018年平昌オリンピックに向けて韓国期待のエース候補へと浮上しました。

2014年夏の時点では、ステファンもジュンファンも、まだ開花していない才能の塊でした。育て方によっては申し訳ない結果になる状況でしたが、2人ともわずか1年で見事な成長を見せました。ソチ後に加わった多くのスケーターがこうやって成長したのですから、チーム・ブライアンは良い運営をしていたと言えるでしょう。しかし4年、5年とかかる本当の進化計画を実行するには、もっと手厚い指導が必要です。

私はこの1年、全スケーターに目を配り、気を配り続けました。これほどすぐれた才能を持つ子どもたちを前に、私にはワクワクよりも疲れのほうが勝っていました。やはり人数はこれ以上増やせない限界だと感じました。

一般的に言って、組織のトップ、たとえば企業のCEO（最高経営責任者）は、組織の規模を大きく、さらに大きくしたいと考えます。もし私がスケート学校の経営者なら、生徒が集まれば集まるほど儲かりますから、大きくするのはいいことのはずです。

でも、私は経営者ではありません。私にとって重要なのは、適切な人数の選手を大切に育てることです。理想的なのは、私がある選手を30分教えたら、次にトレーシー・ウィルソンがスケーティングを30分教え、次にペイジ・アイストロップがスピンを30分教えるというような流れです。複数のコーチの誰かが、選手のことをつねに見守る態勢です。コーチの人数が足りずに、ほとんど自主練をさせるようでは、意味がありません。選手によって得手不得手は違いますし、褒められて伸びる子も、厳しくされたほうが頑張る子もいます。バラエティに富んだコーチが入れ替わり立ち替わりサポートする態勢が、チーム・ブライアンの特徴です。

他のリンクでの話ですが、こういう例がよくあります。トップスケーターが育つと、その噂を聞いて世界中から新しい選手が集まってきます。コーチの指導が行き届かなくなり、今度は、もともといたトップ選手が去っていきます。また、とにかくたくさんの選手を入れれば、その中に才能ある選手が紛れていると考えるチームもあります。どちらも私のチームがなりたくない事例です。

チーム・ブライアンにも早めの対策が必要でした。チームの規模を見直すため「今後はどんな依頼があろうと断る」と決めました。思ったとおり、2015年の世界選手権が終わった翌日から、新しい選手の指導依頼が来ました。私はいままでの人生でやったことのない「断る」行動を繰り返す日々になりました。守るべきはチーム・ブライアンのメンバーです。電話やメールが来るたびに、涙を呑んで断り続けました。

「残念ですが、次のオリンピックの後に、改めてお問い合わせ願えますか？　ご健闘をお祈りします」

そして、こう付け加えます。

「いまのチーム・ブライアンはジャストサイズなんです。これ以上人数を増やすと、指導のクオリティが落ちてしまいます」

依頼者のなかには金の卵もいました。国際大会のメダリストもいました。でも仕方ありません。断りのメールの送信ボタンを押すたびに、いまのチーム・ブライアンの全選手を守り、彼らのための4年計画を必ずや遂行しようと、気持ちを引き締めました。

チーム・ブライアンにおける幸せ

2015年春、気付けば私はもう54歳になっていました。もし私が30代や40代なら、すべての時間を仕事に捧げるべきでしょう。でも、私にもバランスが必要です。人生ではあらゆることでバランスを見つける必要があるのです。

ヨナを教えはじめたときは、まだ44歳。アイスショーにも出ていて、まだ自分自身で踊ることができましたし、コーチのキャリアを積もうとエネルギーに満ちあふれていました。それが、ほんの昨日までヨナを教えていたくらいの気持ちだったのが、54歳になっていた。寝る間も惜しんで残業する歳ではありませんよね。身体がもつのかどうかという意味では、いまでも無理をすれば朝8時から夜8時まで立ちっぱなしで週7日間、教えることは可能です。朝食もランチも、リンク内のカフェのサンドイッチを食べる生活です。しかし、私も自分の生活を見直す必要がありました。

この一年を振り返ると、私自身はオリンピック後しっかり休みを取っていなかったことに気づきました。2014年世界選手権のあと、約2週間オフをとり、トロント北部の、母校の大学がある町を訪ねました。「休暇は久しぶりだからゆっくりさせてほしい」と言って、電話も最小限にとどめようと思っていました。しかし実際には、各選手がいつから練習を再開し、来季の振付の手配をするか、絶えずシミュレーションをし、来季の戦力図を想像したりもしていました。休暇中でも心は安まっていなかったのです。

4月中旬には、新たな4年に向けて始動しました。練習が始まってしまえば、毎朝8時からレッスンが続きます。ユヅルたちのようなトップスケーターはオフがありますが、小中学生の子どもたちはオリンピックで刺激を受けて毎日練習にやってきます。私が休むチャンスはありません。そのまま夏のバケーションも取らずに2015年春まで走り続けたのです。疲れを感じて当然でした。

ヨナ、ユヅルとオリンピックで優勝したこともあり、オリンピック後の私は無意識のうちに〝勝利〟というゴールにこだわっていたようです。しかし2014―2015年シーズンはハビエルとユヅルが世界選手権で金銀と、もうこれ以上は望めない結果を残してくれたことで、勝利よりも大切なものに気持ちを向けることができました。「いまチーム・ブライアンの皆は幸せなのか」という原点に立ち返ったのです。

チーム・ブライアンにおける幸せとは何か。それはバランスだと思います。練習は厳しいもので、不安も涙も挫折もあります。でもそれを乗り越え、選手が進化し、試合で結果を残し、スケートを改めて好きになる瞬間が必要です。「大変だけれど、スケートに出会えて幸せだ」と思ってほしいのです。

そのためには、私はただ技術を指導すればいいのではありません。創造的で感動のある練習環境をつくり、情熱やモチベーションを与える。それが私のコーチングです。もし私がリンクに来て、「ああ疲れた、全然寝てないよ、朝から休憩もないしクタクタだ」なんて言ったら、皆やる気をなくしてしまいます。私はつねに、良いエネルギーを発して選手を刺激しなければなりません。私が若い頃のコーチ、ダグ・リーもそうでした。いつも大きなボリュームで音楽をかけてエネルギッシュに練習を始めるので、選手たちは嫌でもエンジンがかかっていました。

これから平昌オリンピックに向かってピッチを上げていかねばならないときに、私が疲れていたら問題です。コーチが自己管理できないようでは、選手の管理もできません。心が疲れていると、良いアイデアも浮かびません。ちょっとしたハプニングに対してもネガティブな気持ちになります。でも自分の心がエネルギッシュなら、どんなトラブルだって「望むところだ。よし解決してやろう!」と思えるものです。

私は、自分自身のバランスを取り、自分を管理する必要性に、54歳になってやっと気づいたのです。そこで2015—2016年シーズンに向けては、休みのパターンを変えました。それまでは土日が休みだったので、金曜のレッスン後、父が住むトロント北部の町へ車で帰っていました。父は高齢なので、私と一緒に過ごす時間を楽しみにしています。しかし金曜の夜、郊外へ向かう道路は大渋滞。到着する頃にはヘトヘトになってしまいます。そこで土曜日にレッスンを入れ、日曜と月曜を休みにしました。これがとてもうまくいき、父を訪ねるのが本当に楽しみになり、心も身体も解放される時間になりました。おかげでトロントの家で週末を過ごすことが減りました。

トロントで休暇を取ると、パソコンのあるデスクに座っていつの間にかインターネットで調べものをしています。プログラム曲や練習メニューのことを考え、どの大会に選手を出場させようかシミュレーションを行い、ライバル選手や今季のジャッジの名前のチェックまでしています。家にいると結局は仕事漬けです。

父の家に滞在している間は、物理的に自分をスケートから切り離すために湖畔を散歩したりボートに乗ったりします。家族や旧友とはスケートの話をせず、親戚の話題や世間話で時間が過ぎていきます。緊急事態を除き仕事のメールにも返事をしません。すると火曜日の練習にエネルギッシュな状態で向かうことができるとわかりました。スケートから完全に離れるのが不安だった時期すらあったのに、54歳のいまやリフレッシュする時間はパワーを蓄えるにはむしろ効果的でした。

休んだ分、リンクにいるときは生徒に集中します。空き時間には、ひとりでも多くの選手やコーチ、親御さんの相談に乗ります。ランチの時間がなくても気になりません。2〜3分オフィスを空けてコーヒーを買ってくると、もう誰かが相談に来ていますが、「よく来たね、何でも話してごらん」と言って迎えることができます。

バケーションも同様です。せっかく休暇を取るなら、身体だけでなく心も休ませなければなりません。私たちスケート関係者は、スケート靴を持たずに旅行をすれば、もうそれで「バケーションをした」と思いがちですが、スケートのことを考えながら過ごしたのでは本当の休暇にはなりません。そこで上海での2015年世界選手権後は、家族とのバケーションを計画しました。私の姉と友人を世界選手権に招待し、その足で万里の長城など中国の観光地を巡りました。最高の旅行になりました。

選手ひとりひとりが主役

こうして休みの過ごし方を変えて、しばらく経ったときのことです。やっと自分の心を、客観的に見つめることができました。

2014—2015年シーズンの疲れの原因のひとつに、ユヅルの特殊な事情の数々がありました。コーチは親のようなもので、選手には健康で幸せであってほしいものです。しかし私はユヅルの苦境に何もできず、ストレスを感じていました。孤独に戦うユヅルを見て、私まで孤独になっていたのでしょう。でも一番大変なのはユヅルですから、「コーチも大変だ」などとは誰にも言えません。

ところが自分の心の疲れがなくなりポジティブになったことで、やっと苦しさを押し込めていた自分を認めることができました。あの日々を受け入れ、過去のものへと消化することができたのです。その他の心配ごともすべて同じでした。初めて世界王者になったハビエルのモチベーションをどう盛り上げていくのかも、最初は心配だったのですが、ただ見守れば大丈夫だと思い直しました。他の選手に対しても、たくさんの練習のアイデアが浮かぶようになりました。やはり疲れた頭よりも、きちんと休めた頭のほうが、ポジティブになれるものだと実感しました。

ようやく心の整理がついてくると、私は2014―2015年シーズン、いかにユヅルとハビエルだけを勝たせようとしていたのか、気づかされることになりました。もちろん25人のコーチが一丸となる態勢ですから、他の選手に対する指導に不足があったわけではありませんし、私自身も週1回は必ず個別レッスンをしています。しかし、私の興味関心の多くがトップ2人だけに集中していたのです。これは恐るべき事態でした。私はもう一度、心の底から全生徒の幸せを願い、計画を立てることになりました。

伸び盛りの選手にとって、オフは爆発的なパワーを溜める大切な時期です。試合での心理作戦をあれこれ試すよりも、練習で実力を伸ばすほうが重要です。ですからこのオフは、徹底的に若手の世話を焼きました。

4～5月の時点では、まだ曲目の決まっていない選手もいます。振付を覚えて滑り込むまで時間のかかる子から順に呼び出し、振付師やご両親を交えて曲選びのミーティングを行いました。

また全員のスケート靴のメンテナンスも行いました。選手によって靴の耐久期間は異なり、ヨナのように2ヵ月ペースでどんどん替える選手もいますし、ハビエルのように1シーズン通して履いて足に馴染ませる選手もいます。いずれにしてもシーズンオフは靴を替えるタイミングになります。しかし新しい靴ではいろいろなトラブルが起きます。靴があたって炎症を起こすのは当たり前。ブレードと靴の接続が悪くて、技術的におかしくなる選手もいます。成長に合わせ、靴の種類を替えなければならないときもあります。

選手に起きている〝違和感〟が、ケガなのか、靴のせいなのか、ブレードのせいなのか、見極めなくてはなりません。道具が原因ならばスケートショップまで選手を車で送り、職人に説明して微調整してもらいます。

衣装選びにもかかわりました。選手や両親に任せると、自分が着たい衣装を作ってしまいます。衣装は自分をかわいく見せるドレスではなく、戦略を隠し持った戦闘服でなければなりません。「速いピッチの曲なので動きがキビキビ見える衣装にしたい」と考えれば、大きなフリルが舞って柔らかい動きに見える衣装はNGです。目的をもったデザインが重要です。

そして次は年間スケジュール。夏に開かれるトロントの地域大会から出場しはじめて、たくさんの小さな試合を重ねて実力を試します。私が世話を焼かないと出場登録を忘れる選手さえいるのですから、確認が大変です。

国際大会は、ジュニアのグランプリが8月、シニアのグランプリが10月から始まります。国際大会のエントリーを済ませたら、どの大会にどのジャッジが来るのかをチェックします。試合期間中は、その試合のジャッジとは積極的に情報交換ができなくなりますから、早めにルール改正や採点変更などについて、かれらに質問しておくのです。さらに技術役員の資格を持つ人をリンクに呼び、「スピンのポジションはレベルいくつになるか」といったテストも例年通り行いました。

こういったすべての世話を、選手のレベルを問わずにしました。ユヅルとハビエルのようなトップ選手のケアだけを手厚くするのではなく、選手ひとりひとりが主役です。全員の母親になった気持ちで細かく世話を焼き、スケート人生の道筋を立てていくのです。

夏になると、休暇やショーが終わったトップ選手たちが一斉に戻ってきます。人数が増えたあと、今度は毎日のセッションをどう采配するかを考えました。同じ時間のセッションで滑る選手が何を課題にしているのか頭に入れておき、つねに目を光らせるのです。ハビエルを教えているときでも、ユヅルやエリザベート・トゥルシンバエワ（カザフスタン）、ステファン・ゴゴレフ、チャ・ジュンファンたちのことを目の片隅で追っています。ステファンが4回転サルコウを躍起になって練習し、悪い転び方をしはじめたら呼び止めて言います。

「そんな転び方をしたらケガするよ。今日はもうスケーティングをしなさい」

エリザベートが苦手なステップを抜いて滑っていたら、また呼び止めます。

「ステップの部分からやり直して、その流れの中でジャンプを跳びなさい」

こうして、どの選手にも十分な注意を払うのです。すべての選手が「いつもブライアンから世話を焼かれている」と感じることが大事なのです。

素晴らしいコミュニティを築く

ユヅルとハビエル以外の選手のケアは、しっかりとオフのうちに方向性を打ち立てることができました。次に、ユヅルとハビエルの2人をどうやって平昌オリンピックまで進化させていくか、真剣に考えるべき時期がやってきました。

２０１４年世界王者はユヅル、２０１５年世界王者はハビエル。次のオリンピックは2人とも挑戦者ではなく、追われる身です。難しい戦いになります。ヨナも世界女王を経験したあと、２０１０年バンクーバーオリンピックを迎えましたが、巨大なプレッシャーをはねのけました。いまでも覚えているのは、ヨナがオリンピックでフリーを滑り終えた直後に言った言葉です。

「全然緊張しなかったわ。いつものクリケット・クラブでの練習と変わらなかったわ」

いかに普段のクリケット・クラブでの練習がヨナにとって素晴らしい環境だったか。クラブの建物から一歩出れば、メディアやファンが取り囲みます。重圧をひとりで背負う4年間でしたが、クラブの中にいる限りヨナは安全でした。バンクーバーの会場に行ってもなお、いつもの温かく見守られる練習環境を感じたというのです。

これは大事なヒントでした。ヨナを勝利に導いたものは何だったか。考えれば考えるほど、やはり小手先の戦略や技術ではなく、このクリケット・クラブ全体の持つ環境が良かったのだと感じました。そこで私はあるキーワードを思い出しました。トレーシーと私が、最初にこのクラブでコーチを引き受けたとき、私たちが決めたのは「コミュニティを築くこと」でした。

私はトロント北部にある小さな町で生まれました。トレーシーも小さな町の出身です。小さな町では、誰もが助け合います。誰かが素晴らしいことを成し遂げると、まるで自分のことのように皆で一緒に祝います。助け合い、喜びを分かち合います。これと同じように、私とトレーシーは、クリケット・クラブを単なる練習場にするのではなく、ひとつの村のようなコミュニティにしようと考えたのです。トロントは隣人の顔も知らない大都会だからこそ、クリケット・クラブはコミュニティになるべきだと考えました。

クリケット・クラブには、選手のクラスだけでなくアダルトクラスがあります。皆さん、健康のためや生き甲斐としてスケートを楽しんでいる人たちです。彼女たちのセッション時間は、平日の9時半から11時半までの2時間で、このクリケット・クラブ50年以上の長い歴史のなかで動かしたことのないゴールデンタイムです。主婦や仕事を引退した彼女たちは、練習後にラウンジでランチを楽しみながら、昼から始まるエリート選手の練習を見学します。選手たちの休憩時間には、「今度の試合頑張ってね」と声をかけ、マナーの悪い若手がいれば諭します。普段大人と接する機会の少ない若手の選手たちは、目上の人との話し方を学ぶ場になります。

ソチオリンピックや2016年世界選手権のときには、バナーを作ってリンクの壁に飾ってくれました。「Good Luck Yuzu」「Good Luck Javi」などと書かれたお手製のバナーです。なかには、資金が潤沢ではない一部の選手のために募金活動をしてくれる人もいました。衣装代や振付代などを用意してくれるのです。本当に素晴らしいことです。

整氷スタッフもコミュニティに欠かせない一員です。彼はもうかれこれ30年もクリケット・クラブで働いています。自分が整備した氷にひじょうに高い誇りを持っていて、「選手が良い練習をできるように、安全に練習できるように」と、細やかに気を配っています。整氷車で整氷した後は、ジャンプを跳ぶ際にできた氷の穴を、ひとつひとつ手作業で埋めます。これを毎時間やっているのです。選手が試合に出る直前には「グッドラック」と声をかけて送り出してくれます。

世界選手権などの大きな大会のときは、ラウンジの大きなテレビで、試合に出なかった選手もアダルトクラスの皆さんもクラブの従業員も、皆が集まって一緒に観戦します。「チーム・ジャパン」や「チーム・スペイン」である前に、私たちは「チーム・クリケット」というコミュニティの一員です。コミュニティのなかでは、トップ選手たちは、自分のほうがスケートが上手だから偉いなどという勘違いをしません。老若男女が助け合い、敬い合い、一緒に素晴らしい体験をします。このコミュニティこそが、ヨナの心をオリンピックで支えたものであり、私たちの強さの秘密だと確信しました。

世界選手権優勝より素敵な目標

なぜヨナにとって「コミュニティ」がオリンピックでの重圧を撥ね返す強さになったのでしょう。ユヅルとハビエルにとっては、やはり精神的な強さになるでしょうか？　他の選手にとっては？　他のコーチにとっては？

クリケット・クラブのヘッドコーチになり、コミュニティを築こうと誓ってからちょうど10年目、改めてコミュニティの意義を考え直そうと思い立ちました。そこで私は自分自身のために、またコーチたちにもこの「コミュニティ」というゴールを再認識してもらうために、ミーティングを開きました。2015年春先のある日の午後です。ホワイトボードにはこう書きました。

「コミュニティとは何か？」

「コミュニティにおけるコーチの任務とは？」

すると、それぞれのコーチからさまざまなワードが飛び出しました。

「支援、幸福、礼儀、優しさ、気づき、常識、寛大、信頼、安全、生産的、成長、辛抱、コミュニケーション、理解……」

何ひとつとして、間違った答えはありませんでした。実際には何が正解というものでもありません。すべてのコーチが、コミュニティの意味を理解しようと考え、お互いを理解し、自分もこのコミュニティのメンバーの重要なひとりであると感じてほしかったのです。私たち全員にとって、素晴らしい頭のエクササイズでした。その後、私の友人の母親がこの文字をキルトに刺繍して、大きなブランケットをこしらえてくれました。彼女は癌の闘病中だったのですが、病気と闘いながらこのキルトを制作してくれました。そのブランケットはいまでもコーチ室に飾ってあります。

なぜ、こうもスケートの練習以外のことにこだわるのか。スケートを教える真の目的は、単に試合で勝たせることではないからです。競技者でいられるのは、人生前半のわずかな期間に過ぎません。しかも一流選手になれるとは限りませんし、将来スケートにかかわる仕事をするとも限りません。コーチとして働く私たちはスケートにかかわる人生が当たり前になっているので、このことを忘れがちですが、人生がスケート一色になって幸せかどうかは、生徒に選ぶ権利があります。だからこそ私とトレーシーは、このリンクを去ったあとの選手の人生が豊かであってほしいと考えているのです。

勝利だけを目指して練習していたら、コーチや両親が自分をサポートしてくれるのが当たり前になり、自己中心的で、何でも人任せになり、周りに感謝できない人間に育ってしまいます。しかしコミュニティのなかで育っていけば、サポートに感謝し、選手もコーチもスタッフもそれぞれを尊重し合うことを覚え、それが社会に出てから役立ちます。目上の人と話すことで、きちんと挨拶ができて、相手に敬意を払える人物になってほしい。人間的に成長してほしい。自分への責任も持ってほしいのです。

私は改めて思い至りました。

「そうだった。チーム・ブライアンはコミュニティじゃないか」

いろいろなことがあり過ぎたのでしょう。ユヅルのケガや病気、一方で2人が世界選手権で優勝したこと、人数が増えて日々の小さなハプニングが増えたこと……。気づけば、一番自信があったはずの「組織作り」に悩んでいる自分がいました。でも、そんな悩みは必要ないことを思い出しました。2006年にトレーシーと誓った〝初心〟に戻ればよかったのです。

私たちのコミュニティ「クリケット村」は、うまく機能しています。ですから選手はこのなかにいるとき、安心して練習に専念できます。ユヅルやハビエル、ヨナのようなトップ選手も、このなかにいればひとりのスケーターです。自分の本来の姿でいることができますし、調子が悪い日にぼろぼろの演技をしたからといってSNSで広まったりしません。ケガをしても外部には漏れません。なぜなら、ここがコミュニティだからです。

重要なのは、それぞれが力を発揮できる快適な場所を作り上げること。そこで選手もコーチも成長していくことで、単なる勝敗を飛び越えて、「新たなフィギュアスケートの領域を開拓する」という大きな潮流を生み出せるのです。チーム・ブライアンならそれをできるはずです。

そう思うと力が湧いてきました。ユヅルもハビエルも、世界選手権で1位とか2位とかだけではない、もっと素敵な目標ができる。そんな高揚感が胸のなかに広がりました。新しいシーズンは、もう目の前までやってきていました。

2014年中国杯フリー。直前の６分間練習で羽生は他の選手と衝突し、観客から悲鳴が上がった。著者は棄権の選択肢も示したが羽生はリンクに戻り、５度も転んでは立ち上がって演技を終えた。「ユヅルは最後まで意地で滑りきったことで２位でした。ユヅルは感極まって泣いていました。『なんて馬鹿で可愛い息子なんだ』と褒めてあげたいところですが、健康状態が心配で、手放しでは喜べませんでした」。写真：YUTAKA／アフロスポーツ

2014年中国杯の次戦NHK杯で羽生は４位となったが、グランプリファイナルに進出した。著者は羽生のコンディションを上げるためハードな練習メニューを課した。羽生は見事それに応え、グランプリ２連覇を達成した。「心身ともに限界だったに違いありません。それでもここまでコンディションを上げてきたユヅルに、尊敬の念すら抱きました。練習メニューを作ったコーチの私ですら、信じられないくらいの活躍でした」。写真：なかしまだいすけ／アフロ

2014年グランプリファイナルは、フェルナンデスの母国スペインのバルセロナで開催された。初の自国開催大会に臨むフェルナンデスはショートで緊張のあまり５位となったが、フリーで挽回し銀メダルを獲得した。「ハビエルは見事にスイッチを切り替えました。モチベーションがガラリと変わり、『地元だからメダルを獲らないといけない。せめて３位には入らないと』という考えは完全に消え去っていて、順位は気にもかけていませんでした」。写真：ロイター／アフロ

「この2014年グランプリファイナルが、私の生徒が世界１位と２位を独占した最初の試合でした。それ以降、2016年世界選手権に至るまで、ユヅルとハビエルがつねに１、２位を繰り返し獲得していくことになりますが、これだけ素晴らしい成績を維持し続けている一番の要因は、２人がお互いを讃え合い、フェアなスポーツ精神を持っているからだと思います」。写真：アフロ

2015年世界選手権、ショートは羽生が１位、フェルナンデスが２位だった。続くフリーでフェルナンデスより先に演技した羽生はジャンプのミスが出たため、４回転ジャンプをひとつ多くプログラムに入れたフェルナンデスのほうに勝機があると著者は察知した。しかし４回転で転倒したフェルナンデスは、キス＆クライですっかり羽生に負けたと思い込んでいた。結果はフェルナンデスの逆転優勝で、初の世界王者となった。「ハビエルは自分が優勝したことに気づいたものの、驚き、戸惑っていました。そんなハビエルの様子を、すぐ隣で見るのはちょっと面白かったですね」。写真：新華社／アフロ

2015年NHK杯に向けた羽生のコンディション作りに、著者は大きな手応えを感じていた。「ユヅルはショート『バラード第１番』で４回転サルコウと４回転トウループを成功させました。これはコンディションの良さから予想されていたので、私は驚きよりも、『よくやった！』という気持ちでした。得点は106.33点。すごいスコアです。また一歩、極限へと近づきました」。写真：田村翔／アフロスポーツ

「忘れもしません。首の後ろに鳥肌が立って、ゾクゾクしたのです。私はコーチであることを忘れて、リンクに飛び出してユヅルと一緒に滑りたい気分になりました。演技終盤に向かって、プログラムに込めた感情が徐々に高まっていくと、あの大きな会場には驚くほどのエネルギーが満ちあふれてきました」。2015年NHK杯での羽生のフリーの得点は216.07、総合322.40点となり、300点の壁をいきなり大幅に突破した。写真：田村翔／アフロスポーツ（2点とも）

300点超えを果たしたNHK杯からわずか2週間後、羽生は2015年グランプリファイナルで自らの記録を塗り替えた。「フリー本番で、ユヅルは自分自身と戦っていました。集中力を保って、すべての状況を自分でコントロールしていました。またしてもパーフェクトの演技でした。スコアはNHK杯を上回る219.48点。感動というより、すごすぎて多くの人が言葉を失ったかのようでした」。写真：YUTAKA／アフロスポーツ

第3章
2人の世界王者、2人の戦友
2015—2016年シーズン

トップスケーターの自覚

2015年夏。ユヅルとハビエル、そして私は、たっぷりのエネルギーとアイデアで新しいシーズンに取りかかりました。進化するための準備は万端。思わずそう口に出そうになるくらい、毎日がフレッシュに感じられました。

2015年6月下旬、金沢で開かれた「ファンタジー・オン・アイス」にユヅルとハビエルが出演するので、私は日本へ飛びました。世界王者となって引っ張りだこのハビエルは生活が一変し、新シーズンの予定をまったく決められないまま日本、中国、スペインと世界を飛び回りました。もたもたしていると新シーズンがあっという間にやってきます。早いうちにシーズンの方向性を相談し、プログラム曲の振付を終えておく必要がありました。しかし金沢でハビエルはこう言いました。

「8月の休暇が終わったら、フリーのプログラムに取りかかります」

だから私はこう答えたのです。

「ハビエル、君だって休暇を楽しみたいんだろう？　フリーのプログラムという大仕事が残っていたら、休暇を楽しめないよ。出かける前に完成させてビデオに録画しておけば、安心して何もかも忘れて心からリフレッシュできるよ」

これは私自身が２０１４—２０１５年シーズンの反省から感じていたことでもありました。オフの休暇は、スケートのことを忘れて、心から百パーセント、リラックスしなければなりません。単に身体を休めるだけでは、世界のトップとして1年間ハードに戦うモチベーションを蓄えられないのです。そんな説明にハビエルも納得したのか、私のアドバイスに従い、すぐにプログラム作りに着手しました。

ハビエルが8月の休暇に出かけるまで1ヵ月を切っていましたし、スペインでのショーがスケジュールにびっしり入っていました。そのためスペイン滞在中に振付を終えることになり、ショートの「マラゲーニャ」はフラメンコダンサーでフィギュアスケートの振付師としても才能を発揮しているアントニオ・ナハロに依頼しました。スペイン人のハビエルがフラメンコを踊るのですから、スペイン人が見ても納得がいく本格的なクオリティに仕上げたかったのです。フリーは、例年フリーを作っているデイヴィッド・ウィルソンがトロントからスペインに行って振り付けました。フランク・シナトラが熱唱する、映画「野郎どもと女たち」のテーマ曲です。このシナトラの曲を選んだ戦略については、あとで詳細にお話ししましょう。

その後8月、私たちはスペインのマドリッドで子ども向けのサマーキャンプを開きました。このイベントは初の試みでした。ハビエルの活躍によってスペインではジワジワとスケートへの関心が高まっていました。私が最初の1週間、トレーシーが後半の1週間のコーチを担当し、ハビエルはデモンストレーターとして2週間参加しました。

とにかく楽しいイベントでした。毎日8時間、ハビエルはずっと実演を担当し、地元の子どもたちのために一生懸命働いてくれました。子どもたちは、シングルアクセルを跳ぶ子から3回転を練習している子までレベルも年齢もさまざまです。でも皆がスケート体験に心を躍らせ、目を輝かせていました。この2週間、ハビエルは本当にいい先生で、子どもの面倒見もいいですし、指導も的確。しかも2週間毎日8時間教えても、やる気が落ちません。ハビエルは普段以上に、ハードワーカーの側面を見せてくれました。

さらに嬉しいことがありました。そのキャンプ中、空き時間がちょっとでもあれば、ハビエルは新しいプログラムを練習していたのです。試合でも公式練習でもないのに、ひとつひとつの振付を、ていねいに真剣に扱って、生き生きと滑っていました。そこには「もっと練習したくてたまらない」という意欲が満ちあふれていました。そのとき私ははっきり気づきました。「ハビも本当のトップ選手になったんだな」と。

世界選手権のあと、ほんの3ヵ月ほど見ないうちにハビエルは何もかも変わっていました。チャンピオンとして賞賛される日々が続き、自分の立場を再認識したのかもしれません。キャンプで出会った子どもたちの純粋な情熱と熱いまなざしから、責任感が生まれたのかもしれません。キム・ヨナが世界女王になったときも、ユヅルがソチオリンピック王者になったあとも、やはりこうやって「ああ頂点に立ったんだ」と感じる瞬間がありました。優勝したことそのものよりも、こうして人間的成長を感じるときが、コーチとして嬉しい瞬間です。

チャンピオンになった人間は、2つの方向に行きます。世界選手権の結果に満足するのか、それとも、その経験をもとにもっと上を目指すのか。私は「ハビエルはどっちに行くのかな」と思いながら、意見を言わずにいました。ハビエルは明らかに後者の選択をしました。次のオリンピックを目指して厳しい練習に励み、勝ちたい意欲にあふれていました。なにせ歩き方まで変わり、落ち着きがありました。世界のトップに立った人にしかわからない、特有の責任感と自信を持つ人物へと成長したのです。

スペインでの子ども向けキャンプが終わると、今度はトロント北部の町で、私の選手たちの強化キャンプがあります。ハビエルはこのキャンプでもハードに練習し、やり切った満足感とともに休暇に入りました。スペインの家族と一緒にスペイン南部の海岸を2週間旅しました。キャンピングカーに乗り、テントを張って寝泊まりし、自然を満喫します。スケートのことを完全に忘れ、心も身体もリフレッシュし、8月下旬、計画通りエネルギーに満ちあふれた状態でトロントに帰ってきました。

細部までこだわるユヅル

2014—2015年シーズン、ユヅルはソチオリンピック王者のタイトルに加えて、苦難を乗り越えたスーパースターになりました。次のシーズンは人間的にも選手としてもどう成長するのか、大きな責任が伴います。新しいプログラム作りにあたっては、ユヅルが溜めていたマグマを爆発させるような曲選びが重要でした。どんな曲ならユヅルの新しい才能を引き出し、ユヅルがワクワクしながら成長していけるのか……。

私はまず振付師のシェイ＝リーン・ボーンに相談しました。前のシーズンの「オペラ座の怪人」も振り付けた、素晴らしいインスピレーションを持つ女性です。しかもユヅルの場合、ショートの振付師ジェフリー・バトルと、このシェイ＝リーンの2人との相性がとてもいいことがすでにわかっていました。むしろこの2人以外と組むのは難しいでしょう。ユヅルには、彼独自のジャンプへの助走と構えのタイミングがあり、そのユヅルにとって快適なタイミングをとても重要視しています。ステップからの4回転だとしても、そのステップのスピードやカーブの角度は、ユヅルのなかで理想が確立されています。こういったトップ選手ならではの〝こだわり〟を共有できる振付師でなければなりません。

振付師には、自身が芸術家肌で、選手の動きよりも振付師としてのインスピレーションを優先するタイプがいます。そのほうが最終的には芸術的な作品に仕上がるケースがあるのは事実です。しかしユヅルの場合は、彼自身が自分の感性を大切にしていますから、自分が自然に呼吸をし、音楽に気持ちを乗せて滑る必要があります。そういう意味で、シェイ＝リーンはユヅルの動きを理解できますし、ユヅルもシェイ＝リーンが試す動きを理解できるので、最高のコラボレーションが生まれるのです。

この2015年のオフ、私とシェイ＝リーンが最初にフリーの候補にピックアップしていた曲は、どれも曲のテンポがユヅルの4回転トウループを跳ぶタイミングにしっくり来ませんでした。〝助走に入って、ターンをして、膝を曲げて、トウをついて、跳びあがる〟という一連の動作には、ユヅルなりの呼吸とテンポがあります。音楽のピッチとユヅルの心拍が合わないと跳びにくくなります。逆にテンポが合う曲ならユヅルは音楽を口ずさみながら自然に4回転を跳べますし、見ている人からすればジャンプと音曲が一体化したように見えるのです。ほとんどの選手は、こんなに細かいことまで考えて曲を選びません。ユヅルは細部までこだわる選手なのです。

するとユヅルが「SEIMEI」のアイデアを考え、私たちのところに送ってきました。私たちの選択肢には入らない日本の曲を提案してもらうのは、とても嬉しいことです。私はこの曲を聞いた瞬間から、すぐに好きになりました。ユヅルとシェイ＝リーンはクリケット・クラブで振付をしたので、徐々にプログラムが完成していく様子をチラチラと横目で見ていたのですが、目に入る度にゾクゾクしました。

「これはきっと……傑作になるぞ」

いままでにまったくユヅルが見せたことのない世界観が、そこにはありました。ドラマティックで情熱に任せる踊りではありません。静寂や荘厳さを感じさせながらも、底知れない強さを滲ませる、新たな世界観です。明らかにこれまでとは違う動きのアイデアがちりばめられているのですが、ユヅルは上手にそれを自分の動きに消化させていました。

それにこの曲は今季のユヅルにピッタリでした。ケガや病気を乗り越え、ジャンプの技術だけでなく、スケーティングや表現も成長させたいというモチベーションが爆発している時期。そういうタイミングでこそ挑戦すべき曲でした。

もっとストレートに言えば、一般論的には難しすぎる曲でした。はっきりとしたメロディが少なく、打楽器のリズムが主軸です。ドラマティックで有名な曲なら、たとえミスがあっても音楽が演技を助けてくれるのですが、そんな期待は一切できません。だからユヅルそのものが音楽になる瞬間を待つしかありません。つまりこういうことです。優れたスケート選手であれば、スケーティングそのものが音楽になるのです。わかりますか？　滑っているだけで、その人の全身から音楽が聞こえてくるのです。逆にスケーティングの下手な選手であれば、結果は悲惨です。音楽もプログラムも飽き飽きしたものに感じられ、下手な技術が目立ってしまいます。

ともあれ、最初は苦しんでも、いずれは傑作になるプログラムでしたから、これはユヅルにピッタリだと思いました。

フリーのプログラムを制作する一方で、ショートのショパン「バラード第1番」は、前のシーズンから継続することが決まっていました。それはユヅルが、まだ一度も納得のいく滑りをしていなかったからです。前のシーズンはさまざまな苦難がありましたから、完璧な演技を披露できなかったのは仕方ありません。私はユヅルがこの名プログラムを完璧に滑り切る姿を絶対に見たいと思っていました。世界の誰もが同じ気持ちだったでしょう。ノーミスで滑れば110点が出るプログラム。もう1年継続して滑り、そのミラクルを起こす必要がありました。

ショートの振付師、ジェフリー・バトルは2008年に世界チャンピオンになってから引退し、いまでもショーに出演していますから、「バラード第1番」を自ら滑り、手本を見せることができます。ユヅルはジェフリーが目の前で見せる世界観を参考にし、「これはジェフの演技」と割り切ったうえで、さらに自分のスタイルを確立していきます。ユヅルは振付を頭で覚えずに、手を右に上げる、左足に乗るなどの動きを、感性や雰囲気で吸収することができます。お互いに動き合いながら振付を作っていけるジェフリーとは、本当に相性がいいようでした。ただし、ジャンプに関しては難度を上げました。

それぞれの国の文化を誇りに

ユヅルとハビエルは、性格も演技の特徴も、なにもかも違います。だからこそ世界の１位と２位の選手が一緒に練習できるのかもしれません。

２０１４―２０１５年シーズンの間は、ユヅルはグランプリファイナル、オリンピック、世界選手権と３つのタイトル保持者で、ハビエルは世界一のタイトルは何も持っていませんでした。でも今季はハビエルが世界王者です。ユヅルのほうがいかに実力が上だとしても、あくまでもユヅルが挑戦者のシーズンになります。

そんな変化を象徴するのが、リンクの壁に飾ってある金のプレートでした。これを始めたのは2年前、ユヅルがオリンピックで優勝したときのことです。クリケット・クラブが１９５６年の創立以来輩出した世界選手権王者とオリンピックメダリストの名前を彫ったプレートを、練習場に飾ることにしたのです。すでにユヅルとヨナのプレートがありました。２０１５年春、ここにハビエルのプレートが加わりました。

正直なところ、ハビエルは自分のプレートに気づきさえしていないでしょう。そういう性格なのです。でもユヅルはライバルの存在を上手にモチベーションに変える選手です。ユヅルはこのハビエルのプレートをチラッと見上げては、意欲を燃やします。ちょっとした嫉妬心が闘争心に変わります。嫉妬という言葉にすると悪く聞こえますが、単なるお友達ではなく、多少は張り合う気持ちがあったほうがいい。そのほうがアスリートとして健全です。

こうして闘争心を増したユヅルと、王者としての責任感が芽生えたハビエルは、2015年春からとても対照的に、それぞれの輝きを放ちはじめました。特に2人が〝お国柄〟のプログラム対決をするセッションは、もう生唾モノの時間です。

ハビエルのショート「マラゲーニャ」は、自身の血が騒ぐスペインの曲ですし、本場のフラメンコダンサーが振り付けたプログラムでしたから、ハビエルはとても誇りに思っていました。いわゆる〝本物〟ですからね。アップビートでリズムがはっきりしている曲のほうがもともと得意なハビエルにとっては、やはりフラメンコには「血だな」と感じさせる動きがありました。

ユヅルのフリー「SEIMEI」は、ハビエルとは正反対です。張りつめたような緊張感とスピリチュアルで美しいスケーティングがあります。ユヅルはまるで、そのプログラムのなかで呼吸しているかのように、音楽の鼓動とユヅルの心拍が一体化していきます。ハビエルはプログラムの登場人物として生き、ユヅルは音楽の一部として生きる。ハビエルはスペイン人として踊るフラメンコ、ユヅルは日本人として踊る「SEIMEI」です。前者はショート、後者はフリーですから、試合でこの2つのプログラムを同時に観戦することはできません。でもこのクリケット・クラブでは、2人が交互に曲をかける瞬間があります。コーチの役得です。「いまの演技を見たかい?」と誰ともなしに話しかけたくなるくらい、贅沢な気持ちになりました。2人ともそれぞれの国の文化に誇りを持っている……それを痛感する意味でも、面白い選曲でした。

こうして2015―2016年シーズンは始まりました。ハビエルは10月のジャパンオープンに参加したあと、北京での中国杯で本格的なシーズンをスタートさせました。

あの中国杯は、とても意義深い試合でした。皆さんも覚えていることでしょう。中国の若手、18歳の金博洋（ボーヤン・ジン）が現れたのです。すでに国内の試合で4回転ルッツを成功させており、大会の注目の的でした。私もハビエルも、彼の公式練習を見に行きました。そこで彼が本当に4回転ルッツを跳んだのを見て、私たちはお互いの顔を見合わせました。ハビエルは思わず声に出しました。「オー・マイ・ゴッド!」。悲観的な感じではありません。ハビエルの性格ですから、「ちょっと、いまの見たかい？　大したもんだ」という感じの言い方でした。

長年スケートにかかわっている私としては、18歳の若手が正確無比に4回転ルッツを跳ぶのは驚きの出来事でした。4回転ルッツを認定された選手は過去にひとりだけいますが一度きりでしたし、その後誰ひとりとして成功者はいません。しかしジンの4回転ルッツが安定した技術として身についているのは、ひと目でわかりました。

「フィギュアスケートは、いま別次元に上がっていこうとしている」

彼は新たな4回転時代の扉を、まさに開けようとしていました。ジンの練習を見た誰もが、魔法にかけられたように「ルッツが……ルッツが……」と口にしていました。「中国杯でも決まるか」「何本の4回転を成功させるか」が話題の中心でした。しかし私はすぐに魔法が解けて、正気に戻りました。そしてこう言い換えました。

「ジャンプのすごい天才だなあ」

でもそこまでなのです。試合の展開とジャンプの可否は別のことだからです。彼の演技をよく見てください。ユヅルやハビエルと比べると、スケーティングの基礎は、まだまだジュニアのレベルです。ジャンプさえ、その質を見ればジュニアレベルです。焦る必要はありませんでした。私とハビエルは、いつものペースに戻り、自分たちの練習の準備をしました。私はハビエルに言いました。「私たちのやってきた計画に忠実に」と。

いまから急遽、ハビエルが4回転ルッツを練習する必要があるでしょうか？　ありませんよね。平昌オリンピックまでの2年半、勝つために必要なメニューはわかっていて、そのなかに4回転ルッツは存在していません。私たちは国際スケート連盟の採点システムのなかで試合をするからです。私はその採点システムを真剣に研究し、その採点に合わせた練習メニューを徹底してきたからです。

採点方式を批判するより対策を考える

ここで現在の採点システムを説明しておきましょう。いまの採点システムは、２００４年から導入された〝新採点方式〟です。それまでの「6・0」満点制ではなく、加点方式になりました。この採点システムが導入された当初は、大勢のコーチや関係者が不平を漏らし、良い採点システムだとは思わないと言いました。でも私はこう考えました。

「ＯＫ。誰が何と言おうと、これがいまのシステムになったのだ。それなら文句を言う時間を惜しんで研究するしかない。ジャッジは何を望んでいる？　ジャッジはどんなセミナーを受けている？　フィギュアスケートはいま、どんな方向へ行っている？」

採点方式を批判するよりも、対策を考えたほうがいいのです。それが選手のためですし、むしろトップ選手を抱えている私のチームがジャッジに協力的であれば、彼らも心を開いてくれます。彼らだって、採点方式が新しくなり苦労しています。新しい採点に慣れるために、自分がジャッジに入っていない試合でも観戦したり、練習を見学したり、仕事が休みの日にビデオを見たりして、勘を養わねばなりません。いままでになかった「ジャンプの回転不足」や「ルッツとフリップのジャンプの正確さ」、演技構成点の「5つの項目」などを基準に採点するのですから、何に注目すれば正確に採点できるのか、試行錯誤しているのです。

だから私はジャッジの力になろうとしました。たとえば演技構成点の5つの項目のうち「つなぎ（Transition）」は、最初はジャッジ側にとっても選手側にとっても、いったいどれが「つなぎ」なのか判断が難しい要素でした。そういうときは、私たちがルールをよく研究したプログラムを作り、選手が「これぞ、つなぎ」という優れたつなぎを演技のなかで見せます。ジャッジたちは、私の選手を見て、「ああ、これがつなぎだ。なるほどわかった！」となり、高い得点をつけてくれるのです。その後のセミナーやミーティングでも「つなぎのお手本」として話題になります。

「振付（Choreography）」という項目もあります。この項目の解説を見ると、「プログラムの計画の仕方、プログラムのパターン」となっています。これだけでは、ジャッジも選手もコーチも、具体的には何が良い「振付」なのか共通見解を持てません。しかし私はまず新採点方式のルール集をよく読んだうえで、ルールを決定したＩＳＵの技術委員から話を聞き、この項目の真意を理解しようとしました。すると滑っていく「方向」が大切だとわかりました。

多くの選手は、ジャンプやスピンの助走が左回りですし、スケート場も左回りが普通ですから、ついつい演技でも左回りの方向が多くなります。左回りのカーブでステップや助走をしたほうが簡単ですし、ジャンプは成功しやすくなります。新しい採点方式を理解していないと、そうやって一方向ばかりのサークルを描きながら滑り、たまに止まって腰を振るなどして演技をし、再び左回りに滑りだします。これを「振付」だと思っているのです。もっとわかっていない選手は、演技中にもかかわらず、スピードスケート選手みたいに両足で直進の滑りをする時があります。あれを見ると、私は気が変になりそうです。

「振付」どころか、フィギュアスケートの動きではありません。

本当の「振付」とは、左回り・右回りの複雑な軌道の組み合わせのことです。ターンの方向も、滑る方向も、ステップの方向も、です。さらに、しゃがんだり跳ねたりして上下の空間も使います。こうやって上下左右に複雑なパターンを見出していくのが「振付」です。ですから私の選手が、複雑な軌道を組み合わせたプログラムを演じると、ジャッジが「ああ、これが振付だ」とわかり、高得点をつけるのです。

いまの採点方式がより良いシステムとして根付いていくためには、ジャッジの目が肥えていかなければなりません。採点システムに抗議をするよりも、お手本になるような演技を次々と生みだすことで、採点システムに寄与するほうが、皆のためだと思います。

2006年にコーチに転身してから10年以上、私はこのスタンスできました。ですから、4回転ルッツを見ただけで焦りはしません。この採点システムのなかで勝つためには、ジャンプだけに注目するのではなく、スケーティングの基礎、振付、ステップやターン、スピンのことを考えます。他のどんなチームもやっていない練習を、私たちは毎日繰り返してきたのです。もしかしたら他のチームの選手は今後、ジンを見て焦り、4回転ルッツやフリップといった高得点の4回転ジャンプを新たに練習するかもしれません。しかし私たちにその必要はないのです。むしろ、他の選手もコーチも、もっとこの採点方式を理解することが重要ではないかと思うくらいです。

優勝は4回転ルッツか質か

中国杯でジンは予想どおり4回転ルッツを成功させました。4回転ジャンプをショートで2つ、フリーで4つ組み込み、話題をさらっていきました。

では、中国杯で優勝したのは誰でしょう。単純な足し算です。4回転トウループを跳びジャッジ全員から「＋3」の加点をもらうと「10・3点＋3点」で「13・3点」。4回転ルッツを跳んで「加点なし」の場合は「13・6点」。点数はほぼ同じ。「4回転ルッツ！」と言うと無敵の技のようですが、「質の高い4回転トウループ」と、武器としての強さは同じなのです。

しかも4回転ルッツはプログラムに1本か、多くても2本です。ジャンプはショートで3本、フリーで8本あります。スピンやステップもあります。すべてのエレメンツで加点をもらえば、ショートで10点以上、フリーで20点以上稼げます。4回転ルッツの得点など気になりませんよね。私はこの採点方式をよく研究し、作戦を立て、そのための練習をしてきました。生徒たちにもこの説明を繰り返してきました。ですからハビエルもすべてお見通しで、4回転ルッツを見て「4回転トウループでは太刀打ちできない」とは感じていませんでした。誤解されないように言っておきますが、4回転ルッツは凄い技です。そのインパクトを十分に理解したうえで、私のチームの選手には必要ないと判断しているのです。

ハビエルについて言えるのは、4回転トウループと4回転サルコウがひじょうに大きいことです。誰が見てもスカッとします。力強く男性的で、加点「＋3」に値するジャンプです。ですから公式練習のはじめに、私はこう言いました。

「ハビエル、自分がやるべきことはわかっているよね？」

本番を迎えると、ハビエルは4回転を「ショートで1本、フリーで3本」跳び、ジンは「ショートで2本、フリーで4本」跳びました。4回転の本数でいえば、ジンのほうが2本多い。しかしスコアは、ハビエルが270・55点、ジンは261・23点でした。正しい採点だったと思います。この夜の記者会見で、中国メディアからハビエルに対して、こんな質問が出ました。

「なぜ、4回転を6本跳ばなかったのですか？」

ハビエルはこう答えました。

「僕には質のいい4回転が、ショートで1本、フリーで3本もあります。自分の戦略をよく理解しています」

なんと頭のいい回答でしょう。世界チャンピオンになってから、記者会見での受け答えも大人っぽくなりました。

この試合で、チーム・ブライアンは〝作戦勝ち〟を収めました。一方で感じたのは、メディアもファンも、この採点方式をまったく理解できていないことです。たしかに「ショートとフリーで6度の4回転」を成功させれば、世界記録です。ギネスに載る瞬間を目撃するのは心躍る体験なので、ファンには純粋に喜び、楽しんでほしいと思います。けれども、6本跳べば勝てるわけではないことも理解してほしいのです。ジンが勝たなかったからといって、採点に疑問や不満を抱いたらスケート観戦が楽しくなくなります。なぜハビエルが6本跳ばずに勝てるのか、理解してほしいと思っています。

ジンと彼のコーチは、2位になったことを不満になど思っていませんでした。彼らも新しい採点方式を理解していて、賢いのですから。「今後はもっとスケーティングの基礎やステップを練習しなければ」と会見で話していました。ジュニアのときに比べればスケーティングの質がよくなっていますし、平昌オリンピックに向けて良い選手に育っていくでしょう。

ショートに4回転2本を組み込もう

ハビエルが初戦から堅調な試合展開を目指したのに対して、ユヅルはちょっと違うスタンスでシーズンをスタートさせました。ジャンプ構成について、ハビエルは昨季に比べて大きな変更をしませんでしたが、ユヅルはショート、フリーともに「演技後半での4回転」を組み込み、初成功に向けた挑戦を自らに課していました。

初戦は移動の軽減を考え、トロント郊外で行われたオータムクラシックを選びました。ショートもフリーも演技後半での4回転ジャンプを成功させられず、つめかけた多くの日本メディアが「ミスの原因は、精神的なものか、技術的なものか」と分析しようとしました。しかし初戦でミスしたこと自体は、何の問題もありません。まだカナダが紅葉さえしない2015年10月という時期に地元の大会に出場した目的は何か。ノーミスの演技をするためではありません。

私はよく、こんなことわざを使います。

「The first pancake is always spoiled.（1枚目のパンケーキは必ず失敗する）」

オータムクラシックは、この1枚目のパンケーキのつもりで出場しました。1枚目のパンケーキは、火が強すぎたり、小麦粉を入れすぎたり、焼き時間を間違えたりするものです。成功するためではなく、何を調整すればいいのかをチェックするために焼きます。実際に私は、1枚目のパンケーキを上手に焼けた例《ためし》がありません。スケートも同じです。練習ではできることも、試合になると、なぜかできないものです。何を調整し、変更すべきかを見極めるために、あえてグランプリシリーズよりも前に小さな試合に出るのです。

ユヅルの1枚目のパンケーキは失敗し、とてもたくさんの収穫がありました。

あの時期、私たちはジャンプの助走のパターンをいくつか試していました。構えに入る前の、ターンの角度や軌道などです。ユヅルはオータムクラシックでのパターンに納得がいかず、次のスケートカナダのときは新たなパターンに変え、しかしさらによくない調子になっていったので、NHK杯のときにはまた変更しました。採点上は同じ「4回転トウループ」ですが、試合で跳ぶにはこういった試行錯誤が必要です。だから初戦でのミスは悲観的なものではなく、必要なミスなのです。むしろ10月の時点で試合でパーフェクトな演技ができるなら、そのプログラムは簡単すぎるのです。そうでしょう？

でも日本のメディアやファンはガッカリしていましたし、その様子を見てユヅル本人も、ファンを喜ばせたかったと後悔していました。ユヅルはオータムクラシックのあと、私の予想以上に「後半での4回転」に固執し、その練習に没頭しました。

こういうとき、私はユヅルからちょっと離れて様子を見ることにしています。まるで何かに取り憑かれたようになり、誰の意見も聞こうとしません。自分の目指すものを習得したい一心なのです。このタイミングでは、あれこれ意見を言っても、強情にさせるだけ。頑固さはユヅルのよさでもあるので、ケガにつながるような悪い練習をしないよう観察に徹しました。

次なる試合、10月のスケートカナダには、1年間の休養あけとなるパトリック・チャンがエントリーしていました。ユヅルはかなり意識しているようでした。パトリックは復帰戦ということで張り切っていて、アドレナリンがたっぷり出ています。ソチオリンピック前年までは彼が世界選手権3連覇を果たしており、もともと高い演技構成点（PCS）を出せる選手です。

ただパトリックとは関係なく、ユヅルのショートは、まったくひどい出来でした。後半の4回転は2回転になり、3回転ルッツの連続ジャンプもミスして6位発進でした。ここまで内容がひどいときは、すぐには原因を分析せずに、とにかくショートを忘れたほうが得策です。ユヅルには「今日はツイてなかったね」と言うに留めました。

ただ私のなかでひとつわかったのは、「3回転ルッツ＋3回転トウループ」という、本来ユヅルにとって難しくないジャンプまで調子が崩れていたことです。このプログラムは、ジャンプ全体のちりばめ方が、居心地の悪いものになっているのではないか、と。3回転ルッツで不安になるのは、余計な心配事です。だから、そのショートが終わったときに私はもう心のなかで決めていました。ルッツをやめて4回転2本を組み込もう。私から提案しなくても、ユヅルも同じ野心を燃やしていました。

ユヅルはスケートカナダを終えてトロントに戻ると、「ショートでの4回転2本」の練習に取り組みはじめました。私はハビエルとともに中国杯へ行かねばならなかったので、振付師のジェフリー・バトルが、ジャンプ構成を変えるにあたってのプログラム調整をやってくれました。

国際スケート連盟のルール上、ショートで4回転を2本入れるには、どちらか片方の4

回転をステップからのジャンプにしなければなりません。それでユヅルは4回転サルコウとイーグルというフットワークを組み合わせた新しい跳び方を練習しはじめました。「イーグル、4回転サルコウ、イーグル」の流れになるので、それをプログラムのなかにうまく組み込むのをジェフリーが手伝ってくれたのです。私が中国から戻ると、すでにユヅルはイーグルからの4回転サルコウを美しく跳んでいました。かなり野心的な取り組みでしたが完成度は高く、これなら試合でもできると感じるものでした。

実際にはこの頃から、ユヅルは左足に痛みを感じはじめていました。4回転トウループの練習のしすぎが原因でした。跳ぶときに左足のトウを氷に突く動作を繰り返すため、甲の奥にあるじん帯を痛めたのです。そのためトウループの練習を控える必要があり、サルコウの練習を徹底的に行うにはグッドタイミングでした。

NHK杯前、ユヅルは一足先に日本に帰ってひとりで調整することになっていたので、出発前にミーティングを行いました。NHK杯のジャンプ構成についてです。ユヅルは「ショートで4回転2本」を主張しました。ほとんどの男子選手が取り組んでいない大きな挑戦ですが、練習での4回転サルコウの調子のよさ、左足の痛みを考慮した場合の4回転トウループの危険性、さらにはショートで「3回転ルッツ＋3回転トウループ」を跳びにくいこと、すべてを考慮すると、やはり答えはひとつでした。

「3回転ルッツをやめて、4回転2本で行こう」

ユヅルの野心的なアイデアを歓迎するべきときが来たのです。

ユヅルのコンディション作り

ユヅルは日本に帰り、調整をしました。ここから重要なのは、試合当日に向けたコンディション作りでした。スケートカナダの前までユヅルは、「後半での4回転」の成功に執着しすぎていて、コンディション調整という点には気持ちが向いていませんでした。しかし4回転サルコウが安定してきたこともあり、練習の目的は、試合に向けて調子を上げることが中心になりました。かなりきついランスルーを何度も繰り返しました。

ほんの数日会わなかっただけでしたが、長野で再会したとき、ユヅルのコンディションは格段によくなり、ショートもフリーも、完璧にランスルーを通せるようになっていました。数日の間にこれほどコンディションを上げられるとは、驚くべきことでした。一気にコンディションを上げられたのは、私の指導力のためではなく、ユヅルのモチベーションの強さにあります。私がコーチとして学んだのは、ユヅルは本気になると一般より短期間でコンディションのピークが来る選手だということです。とても重要なヒントでした。

ちょっとだけコンディショニング、つまり試合でのピーク作りのことを話しましょう。どんな選手も共通して、ハードな練習を繰り返して徐々に調子を上げていき、試合に向けて身体能力を高めた状態を作ります。ハードな練習の前後の日程では休みを入れて、疲れを取り除くことで、さらにピンポイントのピークの状態を作ります。重要なのは、選手が自分自身の体質に合ったパターンをつかむことです。

ユヅルは、このNHK杯にぴたりとピークを合わせてきたので、最適な日数の休養と、適切な日数の追い込み練習ができていたということです。これは世界選手権や2018年平昌オリンピックに向けての重要な〝数字〟でした。

実際のところ、ユヅルは1度目のオリンピックで、このコンディション作りの重要性を痛感していました。ソチオリンピックでは2月6日の団体戦ショートのときに最高のピークが来ました。このあと2月13日の個人戦にピークをもう一度持ってくるには、本当はいったん身体を休めて調子を落としてから、再びハードな練習をして調子を上げてほしかったのです。しかしさまざまな状況下、ユヅルは休みが足りずに疲れを残したままハードな調整に入ってしまいました。ショートでは体力がもって切り抜けましたが、フリーはピーキングに失敗しました。結果的には金メダルでしたが、フリーのユヅルが最高の演技ではなかったことは皆さんご承知のことと思います。

ユヅルは、その魔法の数字を学んでいる最中なのです。平昌オリンピックに向けて、この数字を明確にしたいのです。試合の何日前に休養を取り、そこから何日間ハードな練習をしてピークを作り、そのピークの状態を何日間キープできるのか。団体戦と個人戦がありますから、この計算はさらに複雑になります。ユヅル自身が自分の身体の声を聞きながら学び取らなければなりませんし、私はそれを客観的な数字として蓄積し、オリンピック本番への戦略を立てなければなりません。

ユヅルのコンディションでこれまでにわかっていたのは、普段の練習のときは、「1日休み、3日練習」のサイクルがいいということでした。20歳くらいの身体になってくると疲れはケガの原因になりますから、週6日ずっと練習するよりは、中休みをしたほうが効果的に練習できます。トロントに来たばかりの17歳の頃は、毎日連続して同じだけハードな練習をこなしていました。いまは休養と練習の適切なサイクルをつかんでいます。しかし試合に向けたピーキングは、まだまだ未知の領域でした。ですからこのNHK杯に最高のコンディションでユヅルが現れたことで、かなり大きな手応えを感じられました。

ちなみに、キム・ヨナもハビエルも、また違うサイクルがあります。ヨナは月曜から金曜までハードに練習して、土曜はすこしだけ滑り、日曜は休むというパターンが合っていました。ハビエルの場合は5日間続けて練習し、土日が休みです。ハビエルは一気に続けて練習したほうがいいのです。しかしハビエルは必ず火曜の夕方になると、「ユヅルは明日が休みだから、僕も水曜日休んでいいですか?」と聞いてきます。当然、私の答えは「ノー」です。

いずれにせよユヅルは試合に向けてのコンディション作りに成功したことを感じ取れたので、このNHK杯はすごいことになるぞと、私は試合前から高揚感を抱いていました。

歴史的瞬間を自らの力で引き寄せる

ユヅルはショート「バラード第1番」で4回転サルコウと4回転トウループを成功させました。これはコンディションのよさから予想されていたので、私は驚きよりも、「よくやった!」という気持ちでした。得点は106・33点。すごいスコアです。パーフェクトに演技をすれば110点を超えるプログラムですから、また一歩、極限へと近づきました。

　コンディション作りが問われるのはフリー「SEIMEI」です。ユヅルもすでに、ショートの成功だけで気を緩めるような若者ではありません。フリー冒頭2つの4回転を絶好調の身体能力でクリーンに決め、これはまったく異次元の演技になると直感しました。すべての技の質が高く、特に4回転は回転が速く、大きく、スムーズで、力強いものでした。そして3本目の4回転、「4回転トウループ+3回転トウループ」を跳んだときのことです。まだ2本トリプルアクセルが残っているとわかっているのに、もう別の惑星に行くような気分になりました。

　忘れもしません。首の後ろに鳥肌が立って、ゾクゾクしたのです。私はコーチであることを忘れて、リンクに飛び出してユヅルと一緒に滑りたい気分になりました。演技終盤に向かって、プログラムに込めた感情が徐々に高まっていくと、あの大きな会場には驚くほどのエネルギーが満ちあふれてきました。

　私はもう感極まってしまいました。あんなに素晴らしい演技を見たのは、人生始まって以来です。ユヅルは忘我のなかで、何かが彼の身体に乗り移ったかのように、のびのびと自然に滑っていました。戻ってきたユヅルにまず「誇りに思うよ」と伝えたと思います。興奮しすぎていたので記憶が定かではありません。「ワオ！　もう信じられない！　すごい！」と言っただけなのかもしれません。キス＆クライに座っても、あまりに感動して得点のことなど考えられず、ユヅルに言ったのは、こんなことでした。

「この気持ちを忘れないように。今日リンクに足を踏み入れたときの気持ち、滑っている間に受けた感じを大切にして、この感動を胸に刻んでおくんだ。これが人生の宝になる」

そんな言葉をかけながらも、私はもう胸が詰まってしまって、泣き出しそうでした。その演技への感動冷めやらぬなか、322・40というスコアが表示されました。もう笑うしかありません。

男子にとっては〝300点超え〟がひとつの壁でした。それまでの世界記録が295・27点ですから、この壁を誰かが破るときは、301点とか305点といった「やっと超えた」というスコアが出るものです。ところがユヅルのスコアは320点超え。一気に30点近く更新しました。英語で言えば、「He smashed it.（こてんぱんにやっつけた）」のでした。これほどすごいスコアが出るとは、誰も思っていなかったでしょう。同時に大勢の人が、もう二度とこんなスコアは出ないだろうと思ったに違いありません。私を除いてですが……。

あの夜、私は振付師のジェフとシェイ＝リーンに、すぐにインターネットの動画でいいから見てくれ、とメールを送りました。感謝の気持ちと、どれほど素晴らしい夜だったかも伝えました。信じられない夜でした。

気の毒なのは2位の選手です。NHK杯で誰が2位だったか、すぐには思い出せませんよね？　2位はボーヤン・ジンで266・43点でした。4回転ルッツを成功させていましたし、266点はけっして悪い点数ではありません。でも60点近く点差があると、ユヅルのぶっちぎり優勝しか印象に残りません。あの瞬間を目撃できたことは、会場にいた誰にとっても光栄なことだったと思います。私にとっても、あの歴史的な演技に立ち会えたのは、実に素晴らしい経験でした。

NHK杯が終わった直後も、トロントに帰ってからも、誰もがあのスコアに驚き、「奇跡のスコア」と賞賛しました。しかし私は、あのフリーの夜のうちに、「このスコアは奇跡ではなく、私たちの長期計画のなかに仕組まれていた出来事だ。運がよかったからではない」とわかっていました。ユヅルにはあのスコアを出すだけの実力がありました。コンディションを合わせることで、あの歴史的瞬間を自らの力で引き寄せました。出るべくして出たスコアです。

私の時代で言うと、1984年サラエボオリンピックでのアイスダンスの演技が、やはり歴史的な瞬間でした。イギリスのジェーン・トービル&クリストファー・ディーン組がフリーダンスで「ボレロ」を踊り、ジャッジ全員が芸術点で6・0を出しました。当時の採点法での満点で、これ以上は出せない限界の点数です。あれこそが伝説の演技。観客もジャッジも誰もが忘れることなく、永遠に語り継がれています。私もオリンピックに出場していましたから、あのときの演技も会場の雰囲気も、何もかも覚えています。

あの「ボレロ」の一夜に匹敵するのが、ユヅルのこのフリーの演技でした。PCSで10点のスコアをつけたジャッジが何人もいたのです。ユヅルの演技は、優勝や世界記録といったことよりも、10点満点を出すジャッジがいた点で、永遠に語り継がれる演技だったのです。それが重要な点でした。

ユヅルのこの演技が終わったあと、廊下でジャッジたちに声をかけられました。そのジャッジのなかに、当日初めて国際大会の仕事をした女性がいました。それまでに経験した国内大会では、演技構成点で7点くらいが最高の点だったのに、あのユヅルの演技には「10点、10点、10点」とつけるほかなかった、7点以上のボタンを押したことがないのに

10点をつけるのは勇気がいることだったけれど、そう判断したというのです。どんなジャッジだって、一生に一度は10点のボタンを押したいものです。歴史的な演技を自分が採点したという以上の名誉はありません。でも10点のボタンを押す体験は、望んでもできるものではありません。もし幸運にも押すことができたら、一生忘れない体験になるでしょう。

ユヅルが滑ったあと、審査員席を離れていくジャッジは、誰もが満足と感動に満ちた表情でした。10点のボタンを押すことができた幸運を噛みしめていました。しかしジャッジたちは皆、同じミラクルな体験をバルセロナでも味わうことになるのです。

自分自身と戦うユヅル

私とユヅル、ハビエルの3人は、昨年に続き二度目となるバルセロナでのグランプリファイナルへとたどりつきました。ハビエルにとっては母国での試合、ユヅルにとっては世界記録を叩き出した直後の試合です。２人がすべての注目を集めます。コーチとしては、２人の人生で重要なターニングポイントになる試合だという覚悟で臨みました。

ユヅルはＮＨＫ杯の後、そのまま好調を維持していました。あのビッグウェーブに乗り続け、精神面では、あらゆることにポジティブで、良いエネルギーが全身からあふれ出ていました。身体的にもＮＨＫ杯から10日ほどでしたから好調を維持できる期間でした。ユヅルからは「バルセロナでもう一度すごいスコアを出すんだ」とワクワクしているのが伝わってきました。

ショートはまったく心配のない、ゆるぎない演技でした。１１０・９５点で、とうとう１１０点を超えました。ＮＨＫ杯でのパーフェクトの演技よりも高得点だったわけです。ユヅルにとってはフリーに向けて良いモチベーションになりました。フリーでもノーミスの演技をすれば、ＮＨＫ杯より高得点を出せる可能性があるのですから。

もしこれがユヅル以外の選手であれば、コーチとしてはメンタル面のサポートをする必要がある場面でした。ショートで圧倒的な首位に立っているときのフリーの戦い方はとても難しい。つい気を抜いてしまう、「You let your guard down.（ボクシングでガードを下ろす＝油断する）」という状態もあります。他の選手に追われる重圧を感じる場合もあります。大差であればあるほど、大失敗をして逆転されることがあるのです。

しかしユヅルはかつて苦い経験をしています。トロントに来たばかりのグランプリシリーズ初戦、2012年スケートアメリカのときでした。ユヅルはショートで大差をつけて1位。しかしあまりの高得点に興奮してフリーに集中できず、小塚崇彦に抜かれて2位になりました。あのあと私たちは「ショートの結果が良くても悪くても、フリーのときはショートのことは頭の外に追いやるべきだ」と話し合いました。良い演技だったときは、勝つ闘志を持ちにくく、守りに入るか、気を抜いてしまう。だったらショートを忘れたほうがいいし、ショートが悪かったときはネガティブになるから、これも完全にショートのことを忘れたほうがいい。いずれにしてもフリーだけに集中しなさいということです。

あの試合以来4年間、ユヅルはその経験をしっかりと身体に刻み込んできましたから、ムダなアドバイスは不要です。ユヅルは「勝ちたい」というモチベーションが働きにくい試合展開であることを理解して、目標を「勝つことではなく、世界記録を自ら更新すること」に定めていました。完璧な精神コントロールでした。

フリー本番で、ユヅルは自分自身と戦っていました。集中力を保って、すべての状況を自分でコントロールしていました。そしてまたしても、パーフェクトの演技でした。そのうえスコアはNHK杯を上回る219・48点。感動というより、すごすぎて多くの人が言葉を失ったかのようでした。多くの関係者はNHK杯の点数をほめながらも、「二度とあんなスコアは出ないよ」と心の中では思っていたはずです。それをたった2週間で塗り替えてしまったのですから、誰もがどう反応していいのかわからなかったのでしょう。

リンクがフラメンコを踊る街酒場に

ハビエルにとっても感動的なバルセロナでした。自国での試合は昨年に続いて二度目でしたから、昨季よりもっと楽な気持ちで本番を迎えました。ショートでは、ユヅルが110点を超えた直後の滑走がハビエルでした。観客はユヅルの演技に大きな拍手を送り感動しているのがわかりました。私はキス&クライを離れながら、瞬時にハビエルのサポートに気持ちを切り替えようとしました。

その瞬間のことです。ハビエルの名前がアナウンスされると、地元スペインの観客たちが一斉に足をダダダダと太鼓のように踏み鳴らしたのです。これで一気に空気が変わりました。リンクは伝統的なフラメンコを踊る街酒場に化しました。ショートはフラメンコ「マラゲーニャ」。スペインのプログラムを、スペイン人が、スペインの地で踊る。これは歴史上初めてのことだったでしょう。

するとキス&クライに座っていたユヅルがハビエルに向かって「Vamos, Javi!（頑張れ！ハビ）」と叫んでくれました。私はハビエルを見送りながら、声援を送るユヅルを振り返り、コーチとして本当に誇らしくなりました。2人の若者が尊敬し合い、励まし合い、切磋琢磨しているのがわかりました。ユヅルは、自国開催の試合に臨むハビエルに良い滑りをしてほしいと、純粋に思っていたのです。

実際には、ショートでのハビエルはミスがあり、最高の得点は出ませんでした。でもフラメンコの芸術的な演技は素晴らしいもので、ユヅルに次いで2位につけました。スコアはユヅルが110・95点、ハビエルが91・52点。約20点差です。ユヅルには〝フリーでの精神コントロール〟という課題が浮上しますが、ハビエルからすれば、母国で優勝するチャンスはとても低くなってしまいました。

しかしハビエルのモチベーションはまったく落ちませんでした。勝敗にこだわらず、生まれ故郷のリンクでいい演技を披露したい。その気持ちを失っていませんでした。フリーでは最高の集中力で3本の4回転を含むプログラムを滑り切り、なんと200点を超えたのです。NHK杯でのユヅルに次いで、史上2人目のフリー200点超えでした。

バルセロナで私は世界一光栄なコーチでした。ハビエルがフリーで200点を超え、ユヅルは総合で330点を超えました。地元開催のなか最高の演技を見せたハビエルを大変誇りに思い、世界記録の期待がかかるなかで再び高いスコアを出したユヅルに感動しました。バルセロナの海辺の会場を歩きながら、私は誇りと嬉しさで胸が高鳴っていました。地元スペインの観客にとっても、ユヅルの歴史的な演技の瞬間に立ち会えたうえに、自国選手ハビエルの芸術的な演技を見ることができたのですから、これ以上の感動はない試合だったことでしょう。

するとユヅルとハビエルのファンが私のもとに寄ってきて、それぞれの演技がいかに素晴らしかったか、いかに感動したかを口々に伝えてくれました。コーチの私までファンに囲まれるくらい皆が感動したのです。ユヅルとハビエルの2人ともがファンに愛されていることがよくわかりました。2人が一緒にいるから素晴らしい瞬間が訪れるのです。

ユヅルと戦うために

素晴らしいグランプリファイナルが終わり、2人はそれぞれの国内選手権の時期を迎えました。私はこのタイミングで、ユヅルよりもハビエルのほうが心配になりました。ハビエルはユヅルの得点をどう思っているのか、対等に戦える自信を失っていないだろうか、と思ったのです。２人はライバルとして尊敬し合ってこそ意味がありますから。

ハビエルは、中国杯、ロシア杯に優勝してグランプリファイナルに挑みました。普通であればファイナルでの優勝を目指します。しかしＮＨＫ杯でユヅルが出したスコアを見て、挫折感も覚えたはずです。少なくともグランプリファイナルを迎える前のハビエルは、「３２２点なんてどうやって出すんだ？　３００点だって誰も超えてないじゃないか」と思っていたはず。勝負を他人事のように思ってしまったら、選手はそこで終わりです。実際にはハビエルだって３００点を超える能力があるとしても、です。

しかも自主的にモチベーションを高めていくタイプのユヅルと違って、ハビエルは私たちが励まさないと自信や闘志を持てません。そのため実は、ＮＨＫ杯が終わってトロントに戻ったとき、私はハビエルに言いました。「ユヅルはＮＨＫ杯でショートに4回転２本を入れて成功させた。ハビエルもちょっと考えてみないかい？　ユヅルと戦いたいんだったら、２つの4回転が必要だよ」と。ハビエルに全然その気がなければ、命令するつもりはありませんでした。ハビエル自身がやりたいかどうかを確認したかったのです。するとハビエルはすでにそのつもりでいました。

「そのことなら、もう考えています。僕も4回転を2つ跳びたいです」

私は嬉しくなりました。

「よかった。君はショートで2本の4回転を跳べるよ。ハビエル、君なら簡単だ。そして、いまがそのときだ」

アスリートが何かに初挑戦するときは、彼ら自身に提案させるのが一番です。自分の言葉には責任を持ちます。私が「スペイン選手権で4回転を2つ跳ぶんだ」と指示しても、選手はモチベーションが湧きませんし、成功もしないでしょう。ユヅルのように、私以上に積極的に「あれもこれもやりたい」という選手は、どんどん提案してきますが、ハビエルの場合はうまく誘導して「言わせる」のが大切です。辛抱強く待つときもあります。ところが今回は即答です。ハビエルもやはり負けず嫌い。4回転サルコウとトウループについては、自分のほうが先に2本跳ぶ能力があったのですから、ユヅルに先を越されて、いてもたってもいられなかったのでしょう。

初挑戦の目標を12月19日に開幕するスペイン選手権に定めました。この日程はハビエルのアイデアでした。グランプリファイナルからわずか10日後の試合であり、準備期間としては短いように感じますが、ハビエルの奮起する気持ちをぶつけるにはこれくらい直後の試合が最適でした。実際にハビエルは、このスペイン選手権のショートで2本の4回転を跳び、完璧な成功を収めました。104・68点と、国内大会とはいえ100点超えをマークし、グランプリファイナルのリベンジを果たしたのです。

これは〝今となっては〟の後日談ですが、ハビエルに「4回転2本」を継続的に練習させるのは、かなり困難なことでした。スペイン選手権までは勢いでいったのですが、その後3月の世界選手権に向けて練習を継続していくにあたっては、かなり言い合いになりました。ハビエルは、冒頭の「4回転トウループ＋3回転トウループ」で転倒すると、もう一度最初から音楽を流して練習しようと考え、演技をやめてしまうのです。私たちコーチは大声で叫んで、続く4回転サルコウを跳ぶように言います。毎日、そんなふうに練習しなければなりませんでした。何度も議論を繰り返しました。

「今日は本番さながらに、ショートのランスルーをやるぞ。たとえ途中で転んでもすぐに立ち上がって、そのまま滑り続けるんだ」

これはランスルーの練習として、私のチームでは当たり前のことなのですが、選手にその重要性を理解してもらうのは大変です。ユヅルはすでにこの練習の意図を理解して取り組んでいました。ショートのランスルーでユヅルはジャンプを3つとも転倒するときさえありますが、それでもがっかりして気を抜いたりせず、最後の音が鳴り終わるまで演技を続けます。そうやって本番さながらに最後まで滑ってこそ、ランスルーの練習の意味があります。すべてのジャンプを入れてプログラム全体での呼吸のタイミングを覚えることが重要なのです。

ユヅルは理解が早いですし、私が期待する通り真剣にランスルーをこなしますから、彼に本気で怒ったことはありません。ところがハビエルときたら、なかなか本気でやりません。「本番はやるから」といった態度で、何かしら手を抜きます。ハビエルは自分の身体能力に自信がありますし、「フリーで4回転3本」をやっていますから、「ショートで4回転2本」なんて本気で練習しなくてもできると、高をくくっていました。そこで私は何度も本気で怒りました。「もう今日はここまでだ！」と怒鳴ってリンクから帰ることさえありました。

そんな日々を越えて、ハビエルもランスルーの重要性を理解し、ちゃんと練習するようになりました。そしてこの練習方法が3月の世界選手権へとつながっていきました。

ミスがあればハードに練習できる

２０１５年の全日本選手権は12月24日から始まりました。開催地の札幌にはたくさんの雪が積もっていました。まるでカナダのような大雪でした。

私は男子ショートの２日前に札幌に着き、ユヅルの状態を見ました。ユヅルは11月末のＮＨＫ杯から調子のピークが始まっていましたから、そろそろ落ちてくる時期です。案の定、ユヅルの調子はすこし落ちている状態でした。それは計画通りでしたので、私は焦るわけでもなく、何とかして全日本で調子を上げようとするわけでもなく、そのまま試合を迎えました。

ユヅルはいくつかミスをして２８６・３６点でした。優勝は優勝でしたが、ファンやメディアは「２週間前にあれほどすごかったのに、なぜミスをしたのか」といった雰囲気になり、私にもそういった質問が繰り返されました。しかし正直に言って、私はユヅルがミスをしてよかったと思っていたので、「これでいいのです」とだけ答えました。全日本選手権でも３００点超えのスコアを出していたら、日本のファンは嬉しかったかもしれません。しかし、11月のNHK杯から翌年3月の世界選手権まで5ヵ月間もピークを保ち続けるのでしょうか？　それともシーズン中のすべての試合に調子のピークをピタリと合わせるのでしょうか？　そんなことをできる選手がいるかどうか、私には疑問です。

実は、米国の選手も同じような事情を抱えています。彼らは1月の全米選手権で全力を出さないと、世界選手権の代表に選ばれません。男子も女子もすぐれた選手が何人もいて、世界選手権の代表枠をかけてしのぎを削っています。ですから米国の選手は1月の全米選手権にいったんピークを合わせざるを得ず、さらに2月のオリンピックや3月の世界選手権にもピークを合わせないといけません。これはピーキングの点では難しい日程になります。実際、全米選手権ですべての力を出し切るので、世界選手権やオリンピックでは、全米選手権のときほど良い演技ができないケースが多いのです。米国の多くの選手が、生涯最高の演技は全米選手権で、国内参考記録のため国際スケート連盟の記録には残らなかった、というのはよくある話です。

日本の選手も同じです。今の日本女子のように世界選手権候補が何人もいると、全日本選手権にピークを持ってこざるを得ません。そこから2月または3月へのピーキングは、かなり計画的にやらないと手遅れになります。しかしユヅルの場合は、いま日本のエースとしての立場が確立されていて、全日本選手権でいくつかミスしても、その地位は変わりません。つまりこのときのように、「全日本選手権でミスしても優勝した」ことは、来季以降に向けて、「2月と3月に照準を定めればいい」という経験になりました。

これは「いつ勝ちに行くのか」というピーキングの問題です。この全日本選手権のタイミングで調子を落としてミスをするのは、むしろ好材料なのです。ミスがあれば、ユヅルはハードな練習への意欲を得ます。ミスをしなければ、得体の知れない高得点とさらに戦うしかありません。それが人間というものです。

1シーズンのうちに二度も三度もピークを作るのは、本当に難しいことです。ただ漫然とたくさん練習しただけではできず、手法があります。いったん調子を上げ、いったん落とし、再び調子を上げるの繰り返し。この期間は選手によって違うので、何年もの経験のなかで習得しておかねばなりません。

大局的な目でとらえれば、ユヅルはNHK杯からグランプリファイナルの時期に1度目のピークが来たので、12月末には落とさねばなりませんでした。3ヵ月後に迫る世界選手権で本当のピークをと考えると、ユヅルのシーズン計画はかなりうまくいっているように思えました。

ハビエルも300点超え

2016年の年が明けると、ユヅルは日本でいくつかのアイスショーがあり、ハビエルは1月25日から欧州選手権があるためにすぐにトロントへ戻ってきて練習を始めました。ハビエルはスペイン選手権のショートで「4回転2本」を成功させて、国内参考記録とはいえ100点を超えていますし、このまま欧州選手権に向けて調子を上げ続けていきたいと考えているタイミングでした。総合点で300点超えを狙うには、今度はフリーのスコアも上げなければなりません。

ハビエルはもともと4回転3本を入れていますが、トリプルアクセルは1本だけでした。ハビエルの身体能力を考えれば、トリプルアクセルをもう1本増やす時期でした。どの3回転ジャンプをトリプルアクセルに変えるかと考えると、演技後半の3回転トウループの部分しかありませんでした。しかしその部分は、演技が盛り上がっていて、踊りの直後にジャンプに入る流れになっていました。かなり複雑なステップに挟まれていて、3回転のなかで一番簡単なトウループだから可能でしたが、それを一番難しいトリプルアクセルに変えるわけです。

「あの箇所に、前後の演技やステップはそのままで、トリプルアクセルを入れられるか」

かなりリスクがあるので、ハビエルに自信がないなら無理に入れないほうがいいと思っていました。するとハビエルはまたも即答です。

「やります」

自ら言ったからには責任をもって練習しました。欧州選手権を迎える時点で、２本目のトリプルアクセルの成功率は30〜40%くらいでしたが、挑戦する価値はありました。もし成功すれば、あれだけ難しい入り方のトリプルアクセルなら加点がつきますし、ミスをしても世界選手権に向けた練習になります。

私たちはリスクを取りました。欧州選手権の本番、ショートはまたも１００点超え。フリーでは4回転ジャンプは好調に決まったものの、新しく入れた２本目のトリプルアクセルは転倒でした。これはリスクを取った結果ですから仕方ありません。しかしミスがありながら総合で３０２・７７点。なんと３００点超えを果たしたのです。２位のオレクセイ・ビチェンコ（イスラエル）は２４２・５６点でしたから、トータルで60点近い点差での優勝でした。ハビエルにとっては４連覇目でしたが、年々２位との点差を広げ、欧州では敵なしの地位を築きました。いまは日本や北米、アジアに強い選手が集まっているので、欧州チャンピオンはこれくらい目立たないといけない感じではありますが……。

実はこの欧州選手権では、ハビエルのやる気を出すためにちょっとしたカラクリを仕掛けていました。それはこの欧州選手権が終わったあとの、アイスショーの出演でした。ハビエルに来た依頼は、欧州選手権の直後、3週間にもおよぶスイスでのアイスショー「アート・オン・アイス」への出演依頼でした。スケーターなら誰もが一度は出てみたい素晴らしいショーで、しかもその出演料が高額でした。しかし世界選手権を3月に控えている現役選手にとって、2月末までアイスショーに出演するのはタイミングがよくありません。私はハビエルにOKを出すかわりに、交換条件を出しました。「欧州選手権に完璧なコンディションで出場できるのなら」という条件です。最終的なスコアよりも、コンディションを重視していました。

1月末の欧州選手権でコンディションがよければ、2月の間はいったん調子を落とすべき時期になります。アイスショーのために試合向けの練習量が減って調子が落ちても構いません。いったん1月に上げてあれば、2ヵ月後に再び持ち上げることができます。

でも1月末の欧州選手権のときに調子が悪かった場合は、そのあとに追い込み練習をして調子を上げないと、2月は取り返しがつかないくらい悪くなります。そこから3月までにピークへ引き上げるのは不可能です。

ですから世界選手権のことを考えて「欧州選手権での完璧なコンディション」を条件に出したのです。そのためハビエルは1月のはじめから真剣に練習をこなし、最高のコンディションで1月末の欧州選手権を迎えました。そうして2月には堂々とスイスの興業へと旅立ちました。

実は私はショーに出てほしいと思っていました。ハビエルにとってアイスショーはプラスの要素があります。彼はショーが大好きなので、試合ではなくショーナンバーも熱心に練習し、熱心に本番を演じます。むしろ試合のプログラムよりも一生懸命なくらいに。ですから演技やスケーティング技術の練習になりますし、ファンの声援はモチベーションになります。世界選手権前にショーに出演するのは、プラスになる戦略だと感じていました。

しかも「アート・オン・アイス」は名前の通りアーティスティックなショーで、エキシビションのように選手が順番に滑るだけのものとはコンセプトがまったく違います。演技も振付も特別で、ひとつのテーマがあります。ハビエルは欧州王者として特別な配役をもらい、ジャンプよりも芸術面で評価してもらう内容になっていて、その点でもハビエルにとって意味があるショーだったと思います。

もちろん大切な時期にかわいいうちの選手をショーに出すわけですから、ショーのエージェントにはさまざまな条件を確認しました。ハビエルが休みを取れるよう、ファンのサインの時間を取りすぎないこと、無理のない移動スケジュールを組むこと、安全なホテルを手配すること、そのほか予期せぬ事故の場合でもエージェントが責任をもって対処することなどを約束してもらいました。

ハビエルの場合、スペインのスケート連盟に収入がありませんから、ハビエル自身が練習費や渡航費など多額の費用を稼がないと競技を続けられません。日本のように公的な助成金がたくさん出るスポーツではないのです。そうした事情もありましたから、この3週間のショーはハビエルにとって経済的に死活問題でもあり、だからこそハビエルは欧州選手権に向けて一生懸命に練習し、私との約束を守りました。

とはいえこれはシーズン中にオフを取るようなものですから、もしハビエルから緊張感が完全になくなっていたら私の計画は失敗です。ところがハビエルはプロフェッショナルの意識が高いスケーターに成長していました。〝パーティー・ハビエル〟ではなく〝シリアス・ハビエル〟のまま、ショーに出演していたのです。空き時間には試合用の練習に取り組み、身体的にも精神的にも良い状態を保っていました。２月末にトロントに戻ってきた〝シリアス・ハビエル〟を見て、彼がどんな１ヵ月を過ごしていたのか手に取るようにわかり、私はとても嬉しくなりました。

宝石がちりばめられたようなリンク

日本でのショーを終え2月にユヅルが戻ってきたことで、チーム・ブライアンはとても良い空気感を生み出すことになりました。ユヅルとハビエルの２人が一緒に練習するのは、ＮＨＫ杯前以来です。２人はいつも、お互いを刺激し合い、励まし合いながら、調子を上げていきます。調子は右肩上がりで上がるのではなく、毎日上下しながら、すこしずつ上がっていくものです。ですからユヅルだけ調子がいい日もあればハビエルだけ調子がいい日もあり、２人の調子は抜き差ししながら上がっていきます。４回転を成功するたびに練習中でも拍手を送り合い、尊敬とライバル心とが、リンク内にいい緊張感を生んでいました。２人につられるようにして、他の選手も集中力を上げていきました。

こんなことがありました。ボストンで世界選手権が開催される3週間ほど前のことです。私のチームからは過去最多となる10人が世界選手権へのエントリーを勝ち取っていて、その10人らが同時に練習中でした。皆がとても良い滑りをし、氷上には自然と素晴らしいエネルギーが流れていました。かれらは、お互いにエネルギーを与え合い、刺激し合っていました。本来、選手の意欲を刺激するのはコーチの仕事です。チームの調和を保ち、その和を円滑に維持していくのです。ところがそのとき、リンクで繰り広げられていたのは、すべての選手が自主的にお互いを高め合う驚くべき光景でした。

そこで私とトレーシーは、何も指導せずにリンクの後ろに下がって、どんなことが起きるか見てみました。すると世界ジュニア選手権に向けて調子を上げているチャ・ジュンファンやエリザベート・トゥルシンバエワが素晴らしいステップを見せていました。カナダ選手権で2位となったガブリエル・デールマンも、ジャンプに自信が漲《みなぎ》っています。もちろんユヅルもハビエルも集中して、より質の高い演技を追求していました。誰もが素晴らしいオーラを放ち、まるでリンクに宝石がちりばめられているかのようでした。私はその美しい光景を見て、たまらずベルを鳴らして皆を呼び寄せて言いました。

「君たちは本当にすごいよ。いまのセッションは素晴らしいよ。君たちとこうやって一緒にリンクの上にいられて、コーチとしてこんな名誉なことはない」

選手たちは皆、自分たちの発しているポジティブなエネルギーと、その相乗効果を感じ合い、このチームの素晴らしさを噛みしめていました。大切なのは、全員が良いエネルギーを出していたことです。やる気のない選手がひとりでも混じっていれば、そのたったひとりのせいで全員のエネルギーが下がってしまうものです。この日クリケット・クラブのリンクにいる全員がやる気に満ちあふれ、最高の練習環境を作りだしていたのが、嬉しくてたまりませんでした。

本来なら10人もの選手を世界選手権で指導するのは大変なことです。コーチ陣もチーム・ブライアンから5人態勢で行くのですが、それでも目が行き届かない恐れはいくらでもあります。しかし3月のこの日、選手全員がやる気に満ちあふれていることがわかり、「さあ10人の若者と5人のコーチでボストン入りだ！　戦うぞ」という気分になりました。それぞれの選手が、進化しながら世界選手権へ向かっていく。チーム・ブライアンは強いエネルギーの塊のような集団になったのです。

ユヅルに試練が続く

やる気に満ちあふれボストン入りした私たちでしたが、やはり世界選手権では予想外の出来事が起こるものです。ユヅルの身にも、気持ちが乱されることが次々と起きました。

まずショート当日の公式練習での、デニス・テンとのあの出来事です。日本の報道は大騒ぎになっていたようですが、実際には大した出来事ではありません。ユヅルの曲かけ中に、進もうとした方向にデニスがいたのです。よくあることです。お互いの位置に気を配るのは礼儀ですが、気づかないときもあるものです。ユヅルとハビエルは普段からトップ選手が10人近くいるリンクで練習していますから、「他の選手の動きを見ながら、自分の練習にも集中する」練習に慣れています。しかしどんな選手でも、「これなら安全だ」と感じる距離感がすこし違うものです。ですからユヅルは妨害されたと感じたのでしょうし、デニスは妨害していないと感じてしまったのでしょう。

ユヅルは怒りをあらわにしました。あんなユヅルを、私は見た覚えがありません。デニスからすぐに謝罪はありませんでした。進路を邪魔してしまうこと自体はよくある出来事なのですから、デニスかコーチが「申し訳なかった」とひとこと言ってくれれば済む話でした。しかし試合前、誰もが興奮しているタイミングでの出来事で、全員の歯車が合いませんでした。私はとにかくユヅルを落ち着かせようと、深呼吸をさせ何度も言いました。「このことはもう忘れて、気持ちを切り替えるんだ。他の選手のことでエネルギーを無駄遣いするんじゃない。そんな価値はない。エネルギーを自分のために使うんだ」と。口で言うのは簡単ですが、実際に感情をおさえるのは簡単でないこともわかっていました。

実はあの公式練習のとき、同じことがハビエルの身にも起きていました。別の国の選手が、ハビエルの曲かけのときに邪魔になったのです。もちろん私は腹が立ちました。「あっちも、こっちもか！」という気分です。

試合後に私はデニスのコーチであるフランク・キャロルと2人だけで話し合いました。私はキャロル・コーチをとても尊敬していますし、彼も私に敬意を抱いてくれています。あの件については、お互いのコーチが話し合い、内々に収めるべきことでした。うまく気持ちの整理をつけ、前へ進むことを学ばなければならない経験でした。

公式練習後に、ユヅルはまたもペースを乱されました。いったんホテルに戻ってマッサージを受け、本番に向けて予定時刻のバスでリンクに出発しようとしたときのことです。

荷物を取りに自室に戻ろうとすると、部屋の鍵の調子がおかしくなって開かず、何度もフロントと部屋を往復したために、ユヅルはバスに乗り遅れてしまいました。

しかしユヅルはパニックになったり泣き言をいったりはせず、むしろ自分のなかに抱え込みました。そして不安や怒りを、うまく闘志にかえて試合に臨んだのです。すべてのジャンプを降りる素晴らしい演技でした。ショートの気迫を見て私は、ユヅルは気持ちの整理をつけたのだと思いました。デニスはショートで12位と振るわず、フリーに向けてはユヅルと違う公式練習のグループになりましたし、もう懸念する材料はなくなったと思いました。

しかしユヅルは、心のなかの不安を消しきれなかったのでしょう。ショートなら気迫だけでコントロールできますが、フリーは心のバランスが必要になります。仕方ないことです。しかもフリーの朝の公式練習では、練習開始時間がユヅルのサポートチームに間違って伝わっていて、ユヅルはウォーミングアップの時間を短くせざるを得ませんでした。そのせいもあってフリーの公式練習は、あまり良い内容になりませんでした。

ここまでいろいろなことが重なったのは初めてで、味わう必要もないストレスが多すぎました。不運なこと、予測不可能なことが続きました。これはオリンピックや翌シーズンに向けて重要な経験になりました。ひとりのアスリートとして、ひとりの人間として、どんなに精神的にかき乱されることが起きても区切りをつけ、演技に影響させない能力が必要です。これは経験して身につけるべき、どんな不運も意識から切り離す能力です。この世界選手権は、新たな精神的な試練を経験した点で、大きな意味があったと感じました。

「シナトラだよ、シナトラ！」

一方のハビエルも、いままでにないトラブルを抱えていました。かかとに炎症を起こして、練習すら苦しい状況だったのです。ショートは、かかとに痛みを抱えているうえに、ハビエルはそれを不安に感じて滑ったために、ミスが出てしまいました。得意の4回転サルコウで転倒して2位発進です。私は、ハビエルのケガは、治療の意味でも精神的な意味でもケアするべき深刻な事態だと感じました。しかしユヅルも数々の不安を感じている状態です。ですから私はユヅルに伝えました。

「ユヅルのことはちゃんと見ている。それにユヅルはこの状況のなか、ちゃんとやっているから大丈夫だよ」

ショートのあと、ユヅルにそう話しかけながら、ハビエルのケガに細心の注意を払う状況になっていきました。ハビエルはあまりの痛さに自信をなくし、「ショートの翌日は公式練習を休みます。1日休めばたぶん大丈夫です」と言い、翌日の練習を休みました。しかしフリー当日の朝になっても痛みは引いておらず、今度は私のほうから公式練習もやめさせることにしました。

ハビエルのかかとの痛みの原因は、スケート靴との接触でした。足首を曲げると、靴がかかとを圧迫するために、痛みが起きるのです。練習すればするほど悪化するけれども、スケート靴さえ履かなければ痛みは出ない状態でした。そこでハビエルにはマイクロ波を使った治療を受けさせて、あらゆる科学的な処置をほどこしました。2日連続で練習を休んだことと治療の効果、痛み止めの効果もあって、ハビエルの痛みは本番直前にいったん引きました。ギリギリ間に合った、いや、この時間だけごまかした感じでした。

しかし2日間練習を休んだ事実は残ります。普通の選手なら、「2日も練習ができなかった。僕の演技がひどかったら、それは練習できなかったせいだ」と思ってしまいます。このような恰好の言い訳がある状況では、アスリートが力を発揮することはありません。ですから心理的に、ちょっとしたマジックが必要です。私はこう考えました。ハビエルは普段、土日にちゃんと休みを取っていれば、月曜に驚くような力を発揮します。だからボストンで私はこう言いました。

「さあ、2日連続して休みを取ったし、今日はいつもの月曜日みたいなものだよ。週末にしっかり休んで、今日は絶好調の曜日だ。いつも月曜日に君はものすごくいい滑りをするからね」

ハビエルは満面の笑みになって「そりゃそうだ」と言いました。一気に自信をつけたのです。そして、この瞬間を1年間待っていたといっても過言ではない、フリー曲を滑るときがやってきました。

ハビエルのフリーのプログラムは、フランク・シナトラです。これは2016年世界選手権がボストンで開かれることを強く意識したものでした。最初、私はハビエルには「ダニー・ボーイ」がいいと考えていました。アイルランド人の心に染みるような、とても美しいメロディです。ボストンはアイルランド移民が多く、いまでもアイルランド系のカトリック信者がたくさん暮らしているので、彼らに敬意を表する形にしようとしました。実を言えば、私自身も半分アイルランド系ですしね。でも、「ダニー・ボーイ」とその関連曲をいろいろと聴き比べてみましたが、納得できる曲の組み合わせが見つかりません。結局それはエキシビションで使うことにして、選曲は仕切り直しになりました。

音楽選びはとても難しい作業です。私の場合は、普段からカフェやテレビなどで耳にした曲が気になったら、すぐにメモをしてアイデアを溜めていきます。新しいプログラムを考える段になると、メモを参考にしながらデイヴィッドに「こんな曲があるけどデイヴィッドの意見は？」と訊きます。私が現役のころは、振付師がいくつか曲を選んできて、コーチと私が加わって相談していました。いまのデイヴィッド、私、ハビエルの3人も同じやり方です。

そこで、ハビエルのフリー曲についてデイヴィッドと相談し直して、ボストンは米国の大都市なのだから、米国で開かれる大会であるという考えにシフトしました。では、米国で真のレジェンドは誰だろう？　それはもちろんフランク・シナトラです。しかも以前、スケート関連の雑誌記事で読んだことがあったのですが、ハビエルは「フランク・シナトラが大好きだ」と話していました。年代としては私たちの世代の曲ですが、ハビエルは普段からシナトラの曲を聞くのがとても好きだというのです。すぐにデイヴィッドに電話をしました。

「シナトラだよ、シナトラ！　ハビエルも大好きなんだ」

問題は、シナトラが偉大すぎて有名な曲がたくさんあることです。私ひとりでは決められず、デイヴィッドに探してもらいました。さすがデイヴィッドは引き出しが多いので、すぐに映画「野郎どもと女たち」のサントラを見つけてきました。

私は「野郎どもと女たち」の冒頭部分を最初に聞いたとき、これはちょっとどうかな、と思いました。シナトラのなかでは、そこまで有名な曲ではないと思ったからです。しかしその後、デイヴィッドが振付を終えたプログラムをハビエルが滑るのを見たときには、本当に驚きました。ジャンプとジャンプの間に入る、細かい振付や動き、いわゆる「つなぎ」が素晴らしかったのです。その他のフットワークもアイデアが詰まっていました。なんといってもハビエルの動きと曲が、不思議なくらいフィットしていました。

やはり餅は餅屋。コーチの私はつい有名な曲にばかり目が行きますが、振付師の選曲は絶妙なところを突いてくるものです。ハビエルの滑りを見た瞬間、このプログラムに惚れ込みました。ですからシーズンが始まったときから、ボストンでこのプログラムをハビエルが踊り、米国の観衆を虜《とりこ》にする姿を想像していました。

「僕を打ち負かす時間は、たっぷりあるじゃないか」

ボストンでのフリー当日。健康、精神、計画すべてが揃い、ハビエルは最高の金曜の夜を演出しました。3本の4回転がクリーンに決まり、その他のジャンプも決まりました。観客はハビエルの魔法にかけられていました。まさにマジカル・モーメントでした。ユヅルのNHK杯やグランプリファイナルに続いて、またもやコーチとして奇跡をともに体験できるとは、信じられないことでした。しかしすべては計画済みのこと。ボストンの観客のためにつくったプログラムを携え、健康、精神を整えてきたわけですから。ハビエルにとっては、偶然や奇跡を信じるのではなく、しっかりと計画的に準備すればこういう瞬間を味わえるのだという重要な経験になる試合でした。

ハビエルはフリーで216・41点を出し、314・93点で優勝しました。残念ながらユヅルはフリーで調子を崩し、総合295・17点で2位でした。ユヅルはショートで、ハビエルはフリーで輝き、2人とも1位というわけにはいきませんから、1位と2位が考えうる最高の状況です。グランプリファイナルのときと同じでした。

ユヅルは試合直後、かなり落胆していました。ハビエルの優勝を讃えて笑顔を見せてはいました。とても礼儀正しいことです。でも一緒にいたハビエルは、ユヅルが自身に対して落胆していることがわかっていましたから、とても謙虚に接していました。そして冗談っぽくこう言ったのです。

「落ち込むなって。オリンピックまで、あと2年もあるから。僕をこてんぱんに打ち負かす時間は、まだたっぷりあるじゃないか」

いかにもハビエルらしい言い方です。彼の言う通り、ユヅルがハビエルを負かす試合はいくらでもあるでしょう。その逆もあるでしょう。それでいいのです。それでこそ戦友です。

試合が終わった夜、表彰式と記者会見を終えてホテルに戻ると、たくさんのファンが待ち構えていました。ユヅルのファンも、ハビエルのファンもいます。どちらのファンも、2人を拍手で迎えてくれました。それぞれのファンが、お互いの好きな選手も讃えてくれる。それは素晴らしいことです。それはひとえに、ハビエルとユヅルの2人が友達であり、お互いに尊敬し合っていることを、ファンも理解しているからでしょう。

2人がライバルとして、友達として、強い絆を深めた1年でした。

2015—2016年シーズン

これほどフィギュアスケートのレベルが一気に進化したシーズンは、かつてなかっただろう。

シーズンオフの時点で羽生は「ショート後半の4回転」に手こずっていた。初戦のオータムクラシック、スケートカナダと連続でミス。2014年オフに掲げた目標に、ケガや病気があったとはいえ2シーズン目になっても苦戦する自分に、羽生のようなアグレッシブな若者が納得できるわけがない。

「もしノーミスでできたとしても、それは昨季挑戦しようとしたことができたにすぎないし、成長したとは言えない」

そう宣言すると、トロントで1ヵ月間の猛特訓に取り組んだ。そうして迎えたNHK杯で、あえてジャンプの難度を上げた「ショートで2本」の4回転に挑戦した。守りに入らない攻めの姿勢は功を奏し、すべてのジャンプを成功させると、322・40点をマークした。

「スケートカナダからNHK杯まで本当に血の滲むような辛い練習をしてきました。練習をさせてくださった周りの方々、クリケット・クラブのリンク、先生たち、すべてに感謝したいです」

それまでの世界記録は、2013年にパトリック・チャンがマークした295・27点であり、一気に27点以上の差をつけた世界新記録だった。さらに2週後のグランプリファイナルで羽生は再びパーフェクトの演技を披露し、まさに絶対王者と呼ぶにふさわしい330点超えの金字塔を打ち立てた。2戦連続での300点超えに対して羽生は、こう語った。

「ここに来るまで、たくさんの方々が、調整のやり方やピークのもってき方を考えてくださいました。それを自分なりに考えて練習してきたことが自信になりました」

それはオーサーが立てた計画の正しさの証明であり、その計画を自分自身でコントロールしようと取り組んだ羽生の勝利だった。

羽生から最も敏感に刺激を受けたのは、他でもないチームメイトのフェルナンデスだった。もとより2010—2011年シーズンから4回転2種類を駆使していたジャンプの天才である。すぐさま翌週の国内選手権で「4回転をショートで2本」成功させると、続く欧州選手権では羽生についで世界2人目の300点超えを果たした。

クライマックスとなるボストンでの世界選手権では、ショートで羽生がパーフェクトで首位、フリーはフェルナンデスがパーフェクトで首位とデッドヒートを繰り広げ、総合314・93点をマークしたフェルナンデスが2連覇を達成した。

チーム・ブライアンの強さは、関係者やメディアの誰をも唸らせるものだった。その強さの源は2つ。戦略面では、オーサーによる徹底的な採点方法の研究と、コンディション調整へ綿密な計画だ。精神面では、コーチや選手全員をひとつのチームにまとめて試合に臨むことで選手の心に安定と強さを育む、オーサー流コミュニティの強さだった。

第4章
300点の「マイルストーン」

３００点超えの秘訣（１）ＧＯＥ

多くのメディアから「どうやって３００点を超えたのか？」という質問を受け、また多くの関係者から「うちの選手が３００点を超えるにはどうしたらいいのか？」という問い合わせが殺到し、私は改めて３００点超えの秘訣を説明する立場になりました。

多くの選手やコーチたちは、得点を上げようとして、こう言います。「４回転ジャンプかトリプルアクセルをもうひとつ加えよう」と。もちろん私たちも最低限はそうしました。ですが本当の秘訣は、４回転の本数でもなければ、ジャンプの基礎点でもありません。答えは、ＧＯＥ（技の出来映え）とＰＣＳ（演技構成点）です。これがどういう意味か説明していきましょう。

まず技の出来映え＝ＧＯＥからです。男子の場合、ショートとフリー合わせてジャンプは13個あります。スピンは５つ、シークエンスは３つです。このすべてのエレメンツ（技

スコアシート1

Rank	Name	Nation	Starting Number	Total Segment Score	Total Element Score	Total Program Component Score (factored)	Total Deductions
1	Yuzuru HANYU	JPN	6	219.48	120.92	98.56	0.00

#	Executed Elements	Info	Base Value	GOE	The Judges Panel (in random order)									Ref	Scores of Panel
1	4S		10.50	3.00	2	3	3	3	3	3	3	3	3		13.50
2	4T		10.30	3.00	3	3	2	3	3	3	3	3	3		13.30
3	3F		5.30	1.90	2	2	2	3	3	3	3	3	3		7.20
4	FCCoSp3p4		3.50	1.14	2	2	2	2	2	3	3	3	1		4.64
5	StSq3		3.30	1.36	3	3	2	2	3	3	3	3	2		4.66
6	4T+3T		16.06 x	2.00	1	1	2	2	2	3	2	3	2		18.06
7	3A+2T		10.78 x	3.00	3	3	3	3	3	3	3	3	2		13.78
8	3A+1Lo+3S		14.74 x	2.43	2	2	2	3	2	3	3	3	2		17.17
9	3Lo		5.61 x	1.50	1	2	1	3	2	3	2	3	2		7.11
10	3Lz		6.60 x	1.80	2	2	3	3	2	3	3	3	2		8.40
11	FCSSp4		3.00	1.21	2	3	2	2	2	3	3	3	2		4.21
12	ChSq1		2.00	2.10	3	3	3	3	3	3	3	3	3		4.10
13	CCoSp3p4		3.50	1.29	2	3	3	2	2	3	3	3	2		4.79
			95.19												**120.92**
	Program Components			**Factor**											
	Skating Skills			2.00	10.00	10.00	9.00	9.75	10.00	9.75	9.75	9.75	9.50		9.79
	Transition / Linking Footwork			2.00	9.50	9.50	9.25	9.75	9.75	10.00	9.75	9.75	9.50		9.64
	Performance / Execution			2.00	10.00	10.00	10.00	9.75	10.00	10.00	9.75	10.00	10.00		9.96
	Choreography / Composition			2.00	10.00	10.00	9.75	10.00	10.00	10.00	10.00	10.00	9.75		9.96
	Interpretation			2.00	10.00	10.00	10.00	9.75	9.75	10.00	10.00	10.00	9.50		9.93
	Judges Total Program Component Score (factored)														**98.56**
	Deductions:														**0.00**

x Credit for highlight distribution, base value multiplied by 1.1

術要素）についてジャッジは技の出来映えを判断し、「±3」の7段階で加減点をつけます。これがGOEで、いかにこれの加点をもらうかが重要です。

2015年グランプリファイナルのユヅルのフリー（スコアシート1）は、冒頭の4回転サルコウ、4回転トウループ、中盤のトリプルアクセルで、ジャンプのGOEについて「＋3、＋3、＋3、＋3……」と、ほぼすべてのジャッジから加点3をもらっています。コレオシークエンスは全ジャッジが「＋3」！　ステップシークエンスも9人中6人が「＋3」です。スピンはすべてレベル4で、GOEは「＋2」または「＋3」です。

2016年世界選手権のハビエルのフリー（スコアシート2）も、冒頭の4回転トウループと中盤の4回転サルコウで「＋3、＋3、＋3……」、ずらりと＋3が並びます。他のエレメンツも見てください。コレオシークエンスは9人中7人が「＋3」です。ステップシークエンスも9人中6人が「＋3」。ほとんど完璧と言って差しつかえない出来です。

嬉しいのはスピンです。ハビエルがクリケット・クラブに来たときは、たいてい「－1」でした。普通にミスしていないときでもレベル1〜2で、しかもマイナス評価というほど苦手でした。それがこの世界選手権ではレベル4が2つあり、GOEが「＋2」です。大きな進歩です。

スコアシート2

Rank	Name	Nation	Starting Number	Total Segment Score	Total Element Score	Total Program Component Score (factored)	Total Deductions
1	Javier FERNANDEZ	ESP	22	216.41	118.05	98.36	0.00

#	Executed Elements	Info	Base Value	GOE	The Judges Panel (in random order)									Ref	Scores of Panel
1	4T		10.30	3.00	3	3	3	3	3	3	3	3	3		13.30
2	4S+3T		14.80	2.29	2	2	3	2	2	3	2	2	3		17.09
3	3A+2T		9.80	2.29	2	3	3	2	2	2	1	2	3		12.09
4	StSq4		3.90	1.90	3	2	3	3	2	2	3	3	3		5.80
5	CSSp3		2.60	1.07	2	2	3	3	2	2	2	2	2		3.67
6	4S		11.55 x	3.00	3	3	3	3	2	3	3	3	3		14.55
7	3F+1Lo+3S		11.22 x	1.20	2	2	1	2	2	1	2	1	2		12.42
8	3A		9.35 x	1.57	2	2	2	1	1	0	1	2	2		10.92
9	3Lz		6.60 x	1.80	3	3	3	2	3	2	2	2	3		8.40
10	ChSq1		2.00	2.00	3	3	3	3	2	2	3	3	3		4.00
11	3Lo		5.61 x	1.20	2	2	3	2	1	1	1	2	2		6.81
12	CCoSp3p4		3.50	1.00	2	2	2	2	2	1	2	2	2		4.50
13	FCCoSp3p4		3.50	1.00	2	2	2	2	2	2	2	2	2		4.50
			94.73												**118.05**
	Program Components			**Factor**											
	Skating Skills			2.00	9.50	9.75	10.00	9.50	10.00	9.25	9.50	9.50	9.50		9.61
	Transition / Linking Footwork			2.00	9.50	9.50	10.00	9.75	9.75	9.50	9.50	9.75	9.50		9.61
	Performance / Execution			2.00	10.00	10.00	10.00	9.75	10.00	9.75	10.00	10.00	10.00		9.96
	Choreography / Composition			2.00	9.75	10.00	10.00	10.00	10.00	10.00	10.00	10.00	10.00		10.00
	Interpretation			2.00	10.00	9.50	10.00	10.00	10.00	10.00	10.00	10.00	10.00		10.00
	Judges Total Program Component Score (factored)														**98.36**
	Deductions:														**0.00**

x Credit for highlight distribution, base value multiplied by 1.1

結果として、2人はジャンプやスピンの基礎点だけでなく、GOEのプラス点をたくさんもらっているのです。グランプリファイナルのユヅルのスコアシートを見れば、「ショートで14・36点、フリーで25・73点、合計40・09点」の加点です。世界選手権のハビエルは「ショートで5・71点、フリーで23・32点、合計で29・03点」の加点です。これが「300点超え」の得点の多くを占めていることは明白でしょう。

300点超えの秘訣（2）PCS

次に演技構成点＝PCSです。多くの若者が、ジャンプの成功の可否ばかり気にして、それで自己最高得点が出たとか出ないとか言っています。しかし自分の最高得点を伸ばしていこうと考えるなら、気にするべきはPCSです。これこそ、そのプログラムの評価そのものであり、スケーターの実力を反映する数字だからです。

もちろん誰もがPCSをなんとかして伸ばそうとしているのですが、正しい方向性でPCSにつながる演技をしている選手は少ないな、と感じています。よくある誤解は、「演技力を磨いて、PCSを上げよう」と考え、陸上でのダンスやバレエを習うパターンです。でもこれはポイントがズレているでしょう。

ルールをしっかり勉強すれば簡単にわかることです。スケートにおける演技面の評価は、5つの項目からなります。「スケーティング技術」「つなぎ」「演技」「振付・構成」「音楽の解釈」（2016年改正前）です。つまり演技面とは、立ち止まって腰を振ったり、感情的な様子で演技をしたり、顔の表情で熱演することではありません。あくまでも、この5項目なのです。これを勘違いしていては永久にPCSは上がりません。

さらに、ここからは他のチームが気づいていないことなのですが、GOEの高い滑り、つまり「技術的に質の高い演技」がPCSに大きな意味を持ちます。

2016年世界選手権、ハビエルのフリーのスコアをもう一度見てください（スコアシート2）。「振付・構成」と「音楽の解釈」で、9人中8人のジャッジが満点の10点を出しています。これは何もハビエルが立ち止まってフランク・シナトラのモノマネをしたわけではありません。4回転3本、トリプルアクセル2本を含むジャンプと、スピンとステップ、それらすべてが音楽と一体となるような演技だったからです。GOEがすべてプラスの演技、つまり質の高い滑りをするからこそ、こうやってPCSも評価されるのです。結果として98・36点と、ほぼ100点の数字です。

ユヅルもそうです。2015年グランプリファイナルのフリーでは、ジャンプもスピンもステップもすべてが調和し合う最高の質の演技を見せたことで、PCSは10点がずらりと並び、98・56点と限りなく100点満点近い数字でした（スコアシート1）。しかし翌年の世界選手権では、同じ曲で同じ演技をしていますが、危なっかしいジャンプがいくつかあって演技の一部が成立しませんでした。すると、ほとんどの項目が8点台後半から9点台前半の評価で、PCSは92・02点になりました。

これまでPCSで世界トップと言える評価を受けてきたパトリック・チャンも、この秘訣を理解して才能を伸ばしてきたひとりです。彼は質の高い4回転トウループを跳んでGOEの「＋3」を、ステップシークエンスやコレオシークエンスでもGOEの「＋3」をずらりともらいます。そしてジャンプに大きなミスがなく、完成度の高いプログラムとして演じたときに、PCSで9点台を連発します。

おわかりいただけるでしょうか。その日の演技のすべての技が高品質で行われれば、プログラム全体が高品質になり、結果としてPCSはさらに上がります。芸術的な演技、観客を感動させる演技とは、あくまでも質の高い「スケート」のことなのです。

もう一歩踏み込んでシークレットを公開すると、GOEの加点と高いPCSは連動しています。この2つが高くなければ、4回転を何本跳んでも300点は超えません。

キム・ヨナのときもそうでした。彼女の場合も、まったく同じアプローチを行いました。ジャンプの質はもちろん、スピンはかなりGOEの加点を目指して強化しました。というのも、ヨナはスピンがあまり得意ではなかったからです。ステップシークエンスも同様でした。彼女も韓国のスケート連盟も、最初は私に「ジャンプを強化してほしい、ジャンプを試合で成功できるようにしてほしい、トリプルアクセルを教えてほしい」と依頼してきました。いくらスピンをたくさん練習してもオリンピックで勝てるわけがないと考えていたのです。でも私と練習するうちに、GOEの加点を積んでいくのが大切だと理解しました。最初の2年間でスピンとステップでポイントを稼げる選手へと成長すると、トリプルアクセルを練習したいとは二度と言いませんでした。

後半の2年間では、PCSを一気に底上げしていきました。前半2年でエレメンツの質が上がったことで、すべての技と音楽がピタリと合う演技を見せ、試合のたびにPCSが底上げされていくのです。結果としてヨナはバンクーバーオリンピックで総合228・56点をマークし、この数字はいまも女子の世界最高得点として燦然と輝いています。

フィギュアスケートで得点を出すとは、こういうことです。こうやって勝つのです。

「どうやって300点を取るのか？」と聞かれたら、答えはひとつ。GOEとPCSです。

ユヅルもハビエルもまだ上達できる

ユヅルとハビエルの300点超え以来、この秘訣をたくさんの人に説明してきました。皆さん納得してくれましたし、今後はその手法を使って300点超えを狙ってくるでしょう。では私たちは他のチームに追いつかれてしまうのでしょうか？　答えは「ノー」です。この「GOEとPCSを上げる」という作業は、1年やそこらでできることではないからです。しかも私たちは現在の2人の技術に満足していません。世界でズバ抜けていますが、それでも改善の余地があるかと聞かれれば、答えは「イエス」です。

ではどうやってGOEやPCSを上げてきたのか。それは日々の練習に目的意識を持つこと、特にスケーティングを意識することです。選手が無意識に同じ練習を繰り返しても、まったく意味がありません。そして、トレーシー・ウィルソンのようなアイスダンス出身でスケートの基礎を知り尽くしているコーチが、わずかな滑りのブレも見逃さずに指摘すること、デイヴィッド・ウィルソンのような優れた振付師が、より繊細な感情表現を毎日のようにブラッシュアップしていくことです。

私のチームでは、リンクに入った瞬間から練習が始まっています。スローなウォーミングアップを始めた瞬間からです。私のチームに限って言えば、それは身体を温めているのではありません。スケート靴のブレードと氷との接触を探っているのです。ひたすら質の高い滑りを模索しています。

エクササイズは毎月のようにどんどん変化させていきます。まずは目立つ点に注目します。ＰＣＳの項目にある「つなぎ」や「スケーティング技術」に直結するような、滑りの緩急やカーブでの足の運び方などです。そういった大きな要素が改善されたら、次はもっと小さな要素に注目します。小さなターンの角度、ターンを始めてから終えるまでの速度などです。これがステップのＧＯＥやＰＣＳ全体にジワジワと効いてくるのです。

シーズンオフの間には、ジャッジやテクニカルスペシャリストをクリケット・クラブに招いて、プログラムの印象やジャンプ構成について意見を訊きます。ステップやスピンでしっかり「レベル４」を取れるようにチェックもしてもらいます。シーズン中は試合ごとにジャッジたちにスコアシートを見せて、採点の理由を聞くこともあります。

シーズンに入ると、曲かけの練習で選手は満足のいく演技をする日が増えていきます。

特にユヅルやハビエルはジャンプをノーミスで滑る日があります。そんなとき、まずは拍手をします。そして「どうだ、俺はやったぞ」と言わんばかりのユヅルやハビエルを呼び寄せて、こう言ってハッパをかけます。

「素晴らしいね。でもまだまだダメだ。まだ上達させるべきところがある。ジャンプをこんなフォームで跳んだけれど、これじゃあGOEはプラス1くらいしかつかないよ。もっと明確に難しい入り方をして、もっと軽やかに跳ぶんだ。それに演技後半になるとスピンの終わり方がいい加減になっていた。プログラム全体として雑な印象になる。もっと全部の振付をていねいに扱うんだ」

世界選手権やオリンピックの1ヵ月前になったら、スピンの止まり方、ステップの入り方など、得点としてはルールに明記されていない些細なところで「あら探し」を始めます。それによって選手は「こんなに細かいことまでやれるのだから、自分たちは準備万端だ」と手応えをつかみます。私たちはこんな練習を4～5年積み上げることで、0・1点ずつGOEやPCSを上げてきました。

このPCSを上げる作戦の効果が明確に表れたのは、ユヅルのソチオリンピックシーズンでした。

ユヅルがチーム・ブライアンに加わった2012―2013年シーズンは、ユヅルのPCSは7点台から8点台前半でした。戦うべき相手は、すでに9点台のPCSを連発しているパトリック・チャンです。そこで考えました。なぜパトリックは高得点を連発するのか。ユヅルは4回転トウループをうまく跳べましたし、トリプルアクセルはパトリックよりも得意でした。でもパトリックに勝てないのは、「PCSの点差」が「ジャンプの点差」では追いつけないほど大きいものだったからです。

ではパトリックがすでにやっていて、ユヅルがまだやっていない練習とは何か？　やはりスケーティングの質を上げる練習でした。パワー、スピード、緩急です。それが勝利へのカギでした。ユヅルは2年がかりでスケーティングの基礎に徹底的に取り組み、1年目にはGOEがだいぶ上がり、ソチオリンピックシーズンにはPCSをどんどん伸ばしました。

ソチオリンピックシーズンのスコアを見ると、まず2013年のスケートカナダのフリーでのPCSは76・86点でした。次のフランス杯では81・94点に伸ばしました。そしてグランプリファイナルでは、ショートでパトリックのPCSを抜き、フリーのPCSも92・38点と一気に伸ばしたのです。PCSが接戦となったことで、ジャンプが得意なユヅルのほうが総合点でパトリックを上回り、ユヅルが優勝しました。

しかしこれは、逆の立場になる可能性もあるということです。ボーヤン・ジンや宇野昌磨、ミハイル・コリヤダ（ロシア）らも、「どうやってユヅルとハビエルを打ち負かすか。あの2人がやっている練習で、自分たちがやっていない練習とは何か」をつねに考えているでしょう。ソチオリンピックシーズンのユヅルの戦い方も知っていますから、平昌オリンピックまでにPCSの底上げに取り組んでくるでしょう。ただし、PCSの上げ方を知っているかどうか、それを教えられるコーチ陣がいるのかどうかがカギになります。

でも、こうしてライバルたちが成長してきても、私たちの方向性は変わりません。4回転競争が激化して「全部のジャンプが4回転」の状況になったとしても、です。GOEとPCSを上げるという土台の上に、4回転の数を1本ずつ積み増すだけのことです。

予想通りの4年計画

2人の300点超えは、メディアやファンにとっては画期的な出来事でしたが、私にとっては4年の計画が〝計画どおり〟に実った瞬間でもありました。

私は、ひとりのアスリートが本当の意味で進化して覚醒するまでには、一定の方針で練習を続けることが「4年間」必要だと考えています。コーチを替えたばかりの年にちょっと良い成績を出すことはありますが、これは才能そのものが覚醒したのではなく、モチベーションが上がり、もともとの実力を発揮しただけのことです。実力そのものが変化するには、４年がひとつの目安です。

ハビエルは２０１１年夏にチーム・ブライアンにやってきました。ユヅルは２０１２年夏です。２人とも、持っている実力を磨きながら、オリンピックチャンピオンや世界選手権王者になりましたが、真の意味での爆発はまだでした。

私たちの長期計画は、まずスケーティングの基礎から作り直し、すべてのジャンプを磨き直し、プログラムへの取り組み方、演技の見せ方、すべてが磨かれ、それらの歯車がピタリと一致することで、やってきた4年分の練習が一気に効果を表す、というものです。スケートは、１日練習したから1日分上手になるものではありません。そのためには、石の上にも3年と言いますが、同じコーチ、同じシステム、同じ集中力で毎日練習し続けて、４年はかかるのです。最初はすこしずつしか成果が出ませんが、気づいたときにはライバルを大きく引き離しています。

キム・ヨナの場合もそうでした。すこしずつ、すこしずつでしたが、彼女は成長していきました。バンクーバーオリンピックの前年には、その後の爆発の兆候となる207点超えの点数を出して世界選手権で優勝しましたが、あくまでもオリンピックの優勝候補筆頭になっただけです。私と練習を始めてから4年でオリンピックを迎え、いまだ前人未踏の228点超のスコアを出しました。ある一定のポイントに到達したときに爆発するのです。あのバンクーバーオリンピックは、まるでダイナマイトが爆発したような感じでした。ヨナの場合はその導火線づくりに4年かかりました。それで私は、選手が人間的にも技術的にも変化していくには4年くらいかかるという実例を学びました。

ですから私は、ハビエルという身体能力の天才が来たときも、ユヅルという才気の塊が来たときも、あれこれ磨いてひとつのパッケージになるまでに4〜5年はかかると考えていました。そして予想通り、チーム・ブライアンに来てユヅルは4年目、ハビエルは5年目となる2015―2016年シーズンで、2人は本当に素晴らしい爆発をしました。上海での2015年世界選手権では、ハビエルが273・90点で優勝、ユヅルは271・08点でした。それがわずか1年後、ハビエルは314点超で世界選手権王者に、ユヅルは330点超の世界記録保持者になったのですから。ハビエルは1年で41点もスコアを伸ばし、ユヅルは自己ベストを37点も更新したのです。

互いにバーの高さをちょっとずつ上げる

2人が綴ってきた「4回転物語」は、けっして300点を目指したものではありません。2人はライバルでありチームメイトですから、普段から自然に張り合い、「得意分野だけは負けないぞ」と練習してきたことの、当然なる結果にすぎません。

ハビエルはソチオリンピック前からずっと、フリーで「4回転3本」を組み込んでいました。そのうち1本は演技後半にあり、前半より後半のほうが成功する確率は高いくらいでした。一方のユヅルは、フリーでは「4回転2本」で、しかも4回転を「演技後半」に入れたのは2014―2015年シーズンからです。かなり手こずり、2015―2016年シーズンが始まってもまだ成功がありませんでした。なぜかユヅルは、試合になると跳べませんでした。そんなある日、ユヅルがハビエルにこう訊ねたのです。

「ハビエル、どうやって後半の4回転を跳ぶの？」

ハビエルはユヅルにこう答えました。

「ユヅル、僕はそんなこと考えたこともないよ。ただ跳んでごらんよ」

するとと、ユヅルはその後すぐに着氷できるようになりました。ユヅルが後半の4回転を成功させるたびにハビエルは拍手を送っていました。

ユヅルは2015―2016年シーズンのNHK杯からは、ショートもフリーも4回転を1本ずつ増やしました。結果として今度は、ユヅルのほうがハビエルよりも4回転を1本多く入れることになりました。すると欧州選手権からは、ハビエルも「ショートで4回転2本」に増やしました。2人は4回転のデッドヒートを繰り広げた結果、世界選手権でのジャンプの数が同じ本数にまで増えていったのです。いわゆる「バーを上げる」ということです。走り高跳びで、バーを越えて自己ベストを出したら、ライバルも同じバーを越える。だからまたひとつ上げる。その繰り返しをしているうちに、気づいたら300点を超えていたのでした。

「300点を超えるため」「時代にあわせて4回転を3本にしよう」といった、他人のものさしで目標を決めたのではありません。あくまでも自分の目の前のバーの高さをちょっとずつ上げていくことが、進化につながります。

2人が同じシーズンに爆発を起こしたことは、今後の進化に向けて、精神的にとてもいい影響がありました。2人の300点へのアプローチ自体は共通のものです。ですから「僕たちの戦略は正しかった」という強い信念を、お互いを見ながら確認することができます。しかも2015―2016年シーズンに2回ずつ、という点がよかった。2回なら偶然ではありません。確証となります。まずユヅルが爆発を起こし、すでに導火線に火が付いていたハビエルも続いて爆発しました。同じチームにいる相乗効果です。

面白いことですよね。2人が300点を超えたのは、お互いの存在があったからこそ、というわけです。ユヅルがもしひとりで練習していて、自分の4回転ジャンプの可否ばかり気にかけている状況だったら、あんなスコアを出せていたでしょうか。ハビエルという4回転の質と演技に秀でているライバルが目の前にいたからこそ、ユヅルはプログラム全体の完成度にも気持ちが向いたのでしょう。逆にハビエルがもしひとりで練習していたらどうでしょうか。330点という得体の知れない化け物に向かって完成度を高めていっても、それが300点なのか330点なのかわからず、不安は募るばかりです。ユヅルという見本がいることで、現実的で着実な目標を立てることができたのでしょう。

コーチの立場からすると、2人がそれぞれ違う時期に力を発揮したのが、とても興味深いことでした。どちらか一方がシーズン全体を支配するのではなく、ユヅルは前半に、ハビエルは後半に力を発揮しました。このことから学べるのは、2人はどういう良い影響を及ぼし合えるのか、それぞれどんなタイミングで力を発揮する特性があるのか、という点です。これからオリンピックまでのどのタイミングで300点を超え、330点超えに導くか、その計画を立てるヒントが、ここには詰まっています。適切な大会を選び、素晴らしいプログラムを作り、2人がワクワクするような目標を立てる必要があります。そのうえで試合本番に向けてピーキングをどうコントロールするか。それを毎試合繰り返すのです。

スコアより「最高の瞬間」

300点超えという驚愕のスコアは、2人にどんな影響を与えたでしょうか？　多くの人が、ユヅルの330点超えを見て感動したと同時に、「もうこれ以上の数字は、ユヅル自身でも出せないのではないか、このスコアが重圧になるのではないか」と心配したと思います。

しかし、心配するべきことではないのです。あれは、まさに決定的なスコア。あんなスコアを毎回出せるものではないと誰もが理解しなければなりません。陸上で言えば、100メートル走で世界記録を出すのと同じことです。ウサイン・ボルトが毎試合、記録を更新しているでしょうか？　そんなことは年に1度、いや4年に1度かもしれません。すべての身体的、精神的ピークを集中させて、ある瞬間、生涯に1度か2度のパワーを発揮した結果です。フィギュアスケートも同じです。ですから私たちもファンも関係者も、いま理解しなければならないのは、330点超えのスコアを願うのではなく、「魔法の瞬間が再び訪れるなら、オリンピックでありますように」と、そのタイミングを願うことです。

とはいえ、その状況をなかなか受け入れられないのは選手自身だと思います。ユヅルはつねに自分のスコアを超えようと挑戦していく若者ですし、ハビエルはつねに周りの関係者を笑顔にしたいと考えています。

こういった金字塔とも言える出来事、「マイルストーン」を背負う経験は、単に世界選手権で優勝するのとは次元が違います。「自分が歴史を刻み、その歴史を背負う」。本当にわずかな選手しか体験できません。私が覚えているのは、ヨナが総合200点を出したときのことです。2009年世界選手権でヨナは207・71点を出しました。大きな出来事です。翌年のオリンピックに向けて、ヨナにはたんに優勝への期待にとどまらず、「2

00点超えをして優勝」という重圧がかかりました。選手は、マイルストーンを記録したその日から、その記録と戦うはめになります。優勝以上のことが期待されるのです。

ユヅルとハビエルも同様の状況です。周囲からの期待は「優勝」だけでは足りず、「330点超えで優勝」に変わります。まして2016—2017年シーズンはまだオリンピック前年なのに330点を期待されるわけです。2人はこういう状況のなかでオリンピックまでを過ごすことになるのを、あらかじめ理解しておかねばなりません。

周りの期待に左右されてはいけません。私たちが目指しているのは、2018年のオリンピックです。それをはっきりと認識しておくことが、間違えずにゴールに到達するための大事な知恵になります。

なぜこんなに周りの期待を牽制するのかと言えば、私にも同じような経験があり、そこから学んだからです。私がトリプルアクセルを跳びはじめた頃の話です。最初に跳んだのは、まだジュニアで、1979年のカナダ国内選手権のときでした。私がトリプルアクセルを成功させると皆が大騒ぎしました。すると翌年以降、私が大会に出るたびにメディアは訊くことになります。「トリプルアクセルを跳びますか？」「トリプルアクセルは成功しますか？」。試合が終わっても「今日のトリプルアクセルの出来はいかがでしたか？」と。

メディアは、トリプルアクセルというマイルストーンを通してしか、私を見てはくれませんでした。私がどんなに芸術的な演技をしたのか、トリプルアクセル以外のジャンプがどんなに質が高かったかは記事になりません。誰もが毎回、トリプルアクセルを期待しました。でも、いつも成功するとは限りません。冒頭のトリプルアクセルを失敗しても、その後の演技とジャンプをしっかりまとめれば優勝できます。でも演技中に「ブライアン優勝するも、トリプルアクセルは失敗」という見出しが頭をかすめてしまいます。周りの期待は、大きなプレッシャーとして私の現役生活にのしかかりました。

「300点超え」も同じ。ファンやメディアの反応ばかり気にして、自分を見失ってはいけません。その点では、ひとりではなく2人が同じリンクにいるのは最高の条件だと思います。「見えない敵」と戦うのが、何と言っても一番難しいことですから。

2016年世界選手権の後、ハビエルが私にこう言いました。

「僕は314点というスコアをあんまり気に留めていないんです。まだ僕にとって最高の点数でもないですしね」

面白い子だなと思いました。彼は「自身の300点超え」や「ユヅルの330点」という記録は、来季以降の目標とは関係ないというのです。それだけ新シーズンに向けて気持ちがうまく切り替えられていることを伝えたかったのでしょう。実際、新シーズンにはユヅルもハビエルも新しいプログラムを滑り、新しい方向性を追求することになります。また白紙からのスタートです。再び300点を超えたいのであれば、プログラムを一から細かく検証し、試合を重ねていかなければなりません。330点を超えた選手だからといって、300点くらい簡単に超えられるとは限りません。

私の使命は、皆にちゃんと理解してもらうことです。「再び330点を超えるのはいつですか?」と訊かれるのは、単なる重圧です。330点を超えるかどうかと、選手の進化には何の関係もありません。ですから、いま私がやるべき仕事は、タイミングの重要性をメディアやファンの皆さんに会うたびに説明することです。

「次なるマジカル・モーメントがオリンピックに来ますように」

この合い言葉を、少なくともユヅルとハビエルのファンには徹底したい気持ちです。アスリートの人生のなかで生涯に一度か二度しかない最高の瞬間を、最高の大会で迎えたいと思いませんか?

第5章

プレオリンピック
2016―2017年シーズン

世界王者は重圧か、自信か

2016—2017年プレオリンピックシーズンは、オリンピックの戦略を考えるうえできわめて重要な1年です。オリンピック前年の世界選手権で金メダルを獲っておくべきか、それとも目標を違うところに置くのか、選手の立場によって変わってくるでしょう。

ユヅルは2年連続で世界選手権銀メダルですから、その状況を変えようと、いま必死になっていると思います。順位にこだわりを持って、強い覚悟で臨んでいきます。もしユヅルが2017年世界選手権で王者になり、ハビエルは3連覇を逃したとします。ユヅルはオリンピックに向けて自信をつけることができますし、とても意味があるタイトルになるでしょう。ハビエルは2連覇していますから、一般論でいけば、2017年の世界王者を逃してもそれほど自信を失うことはないでしょう。チャレンジャーの側に回り、〝元〟世界王者としてオリンピックに出場するほうがよいという考え方もあります。ただし、決死の覚悟で臨んでくるユヅルからの刺激を毎日受けて、毎日一緒に過ごすわけですから、負けてもいいやというわけにはいきません。２人ともプレオリンピックシーズンに自信や手応えをつかみたいことに変わりはありませんから、お互い引き下がらない戦いになるでしょう。

あるいは、ハビエルが２０１７年も世界王者になったとします。ハビエルは３連覇の世界王者としてオリンピックに出場することになり、大変な重圧がかかります。ユヅルはますます「平昌オリンピックこそは」と考え、オリンピックでの勝利にこだわり、ユヅルの重圧も相当なものになります。もちろんハビエルでもユヅルでもない誰か別の選手が勝つ可能性もあります。するとハビエルとユヅルは２人ともオリンピックで何が何でも勝とうとモチベーションが高まりますから、優勝した選手はかなり大きな重圧を抱えることになるでしょう。

２人のコーチとしては、２０１７年世界選手権で「どちらが優勝で、どちらが２位であることが望ましい」という意見はありません。２０１７年の春には、どう転んでもその結果を有利に生かせるようにメンタルコントロールする手法を教えますし、戦略を設定します。実際には世界選手権で勝っても勝てなくても、それを自分に有利に働かせることは可能なのです。

もちろん、このメンタルコントロールは簡単なことではありません。私自身「オリンピック前年の世界王者」という重い経験をしたからこそ、世界中のどのコーチよりもメンタルコントロールの重要性を考え続けてきました。どう考えれば有利だったのか、あの1987―1988年シーズンを何度も自分の頭の中でシミュレーションしてきたのです。

私はオリンピック前年である1987年の世界王者として、オリンピックシーズンを迎えました。しかも地元カナダで開かれたカルガリーオリンピックです。あのシーズンはなぜか、カナダチームにはフィギュアスケート以外の全冬季競技で「前年の世界王者」がいませんでした。カナダ人にはスキーの世界王者もホッケーの世界王者もいない年だったのです。地元開催のオリンピックで、唯一のタイトル保持者なのですから、大変な注目が集まりました。どの新聞、テレビ、雑誌でも、アイスホッケーやスキーを差し置いて、私の金メダル予想がトップ記事になりました。尋常なプレッシャーではありません。ですからオリンピック前年の世界王者になることの意味も、影響も、私はよく知っています。

翌年のオリンピックに向けて、世界王者になったことを重圧と感じるか、自信をつけたと受け取るかは、選手次第です。完璧な準備を進めていくには、世界選手権で勝った後に

「さてどうしよう」では遅すぎます。こういった場合のメンタルコントロール策をコーチは事前に練り上げておかなければなりません。２０１７年世界選手権が終わった瞬間に、私の出番です。

「君は世界王者としてオリンピックを迎える。どうやって２０１７年の王者になれたのか、そのノウハウと理由を忘れなければ大丈夫。来年も維持するためには……」「オリンピック前年の世界選手権で銀メダル。どうして王者になれなかったのか理由はわかっているよ。そうならば、むしろこれは有利だぞ。それは……」といった具合に、選手に有利に解釈する方法はたくさんあります。

２０１６―２０１７年シーズンが終わったら、私はユヅルとハビエルに心理学のような講義をするつもりです。心理分析やカウンセリングを行いたいと思っています。そうして正しいオリンピックシーズンのスタートを迎えなくてはなりません。

オリンピックを意識した曲選び

２０１６年のシーズンオフは「オリンピック前年の曲選び」の重要なタイミングです。

オリンピック本番の曲選びのことまで意識する必要があります。その点を理解していただくには、〝オリンピックからオリンピックまでの4年間の曲選び〟というテーマからお話ししなくてはなりません。これには、ある程度の一般論があります。

まずオリンピック後の2年間は、成長と発展の年だと思います。いろいろと試行を重ねて、違う持ち味を模索します。この2年はあえて苦手なことに挑戦し、リスクを負いながら自分の新たな一面を発見し、新たな表現技術を習得します。ジャッジを意識するよりも、選手自身の成長のためのプログラムを探します。

プレオリンピックシーズンからの2年は、とにかくオリンピックを意識します。オリンピック2年前のオフにルール改正があり、その後2年間は大きな変更がないのが通例ですから、この2年間はルールの目指す方向性とジャッジの傾向をよく研究し、それらを取り入れる必要があります。

ジャッジや国際スケート連盟が、今度のオリンピックにおいてフィギュアスケートに何を望んでいるのかを理解するためには、プレオリンピックのうちに、プログラムにちりばめた技術や演技がどう評価されるかをチェックしておくことが大切です。前衛的すぎるプログラムはあまり選びません。そうして傾向をつかんだうえで、オリンピックシーズンは

「確実に評価される」「選手のよさを引き出す」「勝てる」プログラムを迷わず選びます。私も振付師のデイヴィッド・ウィルソンもチームの選手たちも、その点についてはこの10年、ひじょうに知恵を絞ってきました。

キム・ヨナの選曲については、何度かお話ししてきました。2010年バンクーバーオリンピックの3シーズン前となる2007―2008年シーズンは、フリーにヨハン・シュトラウスの「こうもり」を踊りました。多くの選手が使っている名曲ですが、ヨナにはワルツが全然似合わず、ひどいプログラムでした。ヨナのよさがまったく見えてきません。大きな間違いでしたが、それを経験したからこそ学びがありました。彼女はその後、2014年に引退するまで二度とワルツを滑りませんでした。

反省を踏まえ、オリンピックプレシーズンは彼女にぴったりの曲で評価を高めようとしました。ショートの「死の舞踏」とフリーの「シェヘラザード」です。これでヨナの方向性は決まり、成長への手応えを得ました。ヨナには凛とした美の素質があり、「強い女性」を演じたときに、パワフルすぎる演出にならず、上品な強さを醸し出せることがわかりました。こんなふうにたっぷり4年をかけて、ジェームズ・ボンドの「007」とガーシュウィンの「ピアノ協奏曲へ調」という名曲にたどり着きました。

こうした4年計画は、ヨナ、ユヅル、ハビエルのようなメダルを狙う選手に対してだけ立てるのではありません。すべての選手に共通して、4年間でどんな成長をさせるかを考えながら、「ミス」と「進化」をプログラムのなかに隠していくのです。

ユヅルとハビエルの2年プログラム

プログラム選びの一般論を念頭においたうえで、2016年オフ、私の目の前にはオリンピック王者の期待がかかる2人の若者がいる状況になりました。

2人ともスケート界を牽引する存在になっていますから、「自分が勝つための曲」という考え方にプラスして、アーティストとして進化していかなければなりません。皆が憧れる選手たちが、芸術面でも新たな取り組みをして幅広い才能を披露するのは、フィギュアスケート界の発展にとって重要です。いろいろなスタイルの踊りを自分のものとして滑りこなし、さらに4回転ジャンプや華麗なスピンを織り交ぜられることを示すのです。そのためには「2年後にあの2人がどんな選手として、また人間として進化しているか」をよく考えなければなりません。

オリンピックのときの年齢は、ユヅルが23歳、ハビエルは27歳になる直前です。この時点で彼らが最高の表現をするためにはどんな曲がいいか、そこから逆算してプレオリンピックシーズンは何がいいか、という順で考えなくてはなりません。子どもの服を買うのと同じです。成長を見越して、いまピッタリなものではなく、２０１８年２月にピッタリになる曲を考えておくのです。

ユヅルはショート、フリーともに曲を替えることになりました。ユヅルはすでにパーフェクトの演技を披露していますから、もし同じ曲を2年使えば、誰もが２０１５年ＮＨＫ杯や２０１５年グランプリファイナルでの完璧な演技と比較するでしょう。ですから、より完璧な表現手段に出会うためにも、新しい曲を選ぶことにしました。

まず、ショートはプリンスのロックに決まりました。ユヅルはソチオリンピックシーズンにやはりロック調のブルース「パリの散歩道」を滑っています。この種類の音楽でごく自然に身体が動くことは証明済みです。ユヅルはシャイな日本人ではなく、ロックスターになれるのです。アイスショーのフィナーレなどでダンスミュージックに合わせて踊ると、ユヅルは本当によく身体が動きます。リズムをとらえる天性のものがあります。オリンピック前年に思う存分動ける曲を選ぶことで、楽しみながら、さらなる才能を開花させるでしょう。

一方で、同じタイプの曲にならないよう、フリーは美しい曲を選びました。日本の作曲家、久石譲のメドレーです。ユヅル自身が選び、タイトルを「Hope & Legacy」と名付けた特別な曲です。ユヅルはこの曲を最初に提案したとき、この曲が自身にとって持つ特別な意味と目的を、こんなふうに説明してくれました。

「僕にとっての『レガシー』は、いままでのスケート人生のなかで刻んできたレガシー。僕たちがパトリックを追いかけて4回転を強化し、ソチで優勝したこと。それと同じように、いままた4回転がどんどん増えて、若い世代へと受け継がれていくことがレガシーです。『ホープ』は、これまでのファンやサポートしてくださる人からもらった希望とか、感謝とか、苦悩とか、そういう演技以外でのことです」

ユヅルは心をこめて滑るタイプの選手です。たんに〝素敵な曲〟とか〝観客受けがいい〟ではなく、滑る目的が必要なのです。ユヅルにそこまで思い入れがある曲だとわかり、迷うことなくこの曲に決めました。ユヅルはその思いを胸に滑っていきます。

プレオリンピックは技術面のことでも戦略が必要です。オリンピックシーズンに新たな4回転を入れるのでは遅すぎます。プレオリンピックのうちに4回転の作戦を模索するためには、ユヅルが自然と心をこめて心地よく滑れる曲のほうがいいだろうと判断しました。より難しい4回転ジャンプへと挑戦するためには、ふさわしい手段でもありました。

一方で、ハビエルのショートは昨季からの継続で「マラゲーニャ」になりました。しかし本格的なフラメンコをフラメンコダンサーに振り付けてもらったこともあり、表現を完成させるのはとても難しいものでした。特に4回転ジャンプの直前まで振付が入っていることで、ジャンプ技術としても難しいプログラムでした。もし成功すれば、GOEで確実に加点がもらえますが、ミスをする危険性もあります。このプログラムで4回転2本を難なく降りられるようになれば、ジャンプの助走で構えの時間がなくても4回転を跳べるということです。オリンピックに向けて、とても素晴らしいエクササイズの曲になると考えました。

フリーのほうはいかにもハビエルお得意のプログラムで、エルビス・プレスリーのメドレーです。ハビエルは誰かのキャラクターを演じるのが大好きで、どんな役にでもなりきれる名役者。最初はエキシビション用に考えていたプレスリーの曲でしたが、3曲をつないだらフリーでも使える流れに仕上がりました。

ただし、3曲とも違うキャラクターになりますし、リズムも変化するので、なりきるのは難しいでしょう。速いピッチになっても遅いピッチになっても4回転を跳ばねばなりません。4回転を自分のリズムで跳ぶのではなく、どんなリズムでも跳べるようにするためのエクササイズになります。しかも休憩ポイントがいままでの曲より少なく、深呼吸することなく次々とジャンプを跳びます。いままでのハビエルは深呼吸の場面を必ず入れていましたが、今回は心肺機能を上げないと最後まで滑りきることができません。つまりこの曲は、ハビエルの得意分野で楽しく踊っているように見せていますが、4回転の技術も心肺機能も、いままでよりずっと高くないと滑りこなせない、いわばハードな練習装置です。プレオリンピックだからこその挑戦と言えるでしょう。

こうして2人の曲が決まりました。プレオリンピックですから、それぞれのショートもフリーもまだ勝負曲ではありません。最高の曲はオリンピックにとっておきたいからです。ソチオリンピックのときには、ひとつ反省がありました。ハビエルは前年に「チャーリー・チャップリン・メドレー」を滑りました。あれは最高傑作で、オリンピックシーズンのフリーより良い曲でした。ですから今度こそ、2人にはオリンピックで最高傑作を滑ってほしいのです。実はユヅルにもハビエルにも素敵な曲のアイデアがあるのですが、2018年2月に2人が輝くために「温存」してあります。

ユヅルの4回転ループはまずケガのリハビリとして

ユヅルは2016年の世界選手権後、左足甲のリスフラン関節じん帯損傷のために、2ヵ月練習を休みました。アイスショーにも出演せず、リハビリよりも安静にして歩かないほうがいいくらいの状況でしたから、本当に休養を取っていました。日本に帰らずに、トロントでできる範囲の筋肉トレーニングをしていました。春先に会ったときは元気そうで、6月からの練習再開を楽しみにしていました。しかし6月の終わりに練習をスタートしたものの、やはり左足に負荷はかけられません。4回転の練習を再開するにあたって、私たちは段階を踏むことにしました。

左足に負荷がかからないジャンプは何かと考えると、一番に上がったのが「4回転ループ」でした。これは「右足で踏み切って、右足で降りる」フォームです。ユヅルは練習で成功させたことはありますが、試合での成功者はまだいないジャンプでした。ケガあけで難度の高いジャンプに取り組むのは常識外れのように感じるかもしれませんが、左足のケガのリハビリ段階という状況では一番安全だと判断しました。

4回転サルコウは左足を使いますから、昨季は何度も成功させているとはいえ、成功率が高まるまでに時間がかかりました。また得意の4回転トウループは、負傷の原因になったジャンプですから、9月のオータムクラシックの試合直前まで練習再開はしませんでした。跳びあがるときに左足トウを氷に突くので、痛むのです。

すこしだけループについてお話ししておきましょう。4回転ループは、得点上ではトウループ、サルコウより高いジャンプです。フリップやルッツのほうが得点は高いのですが、この2つは両足を使って踏み切るので、ループより飛距離を出しやすく、先に成功者が現れました。ループは片足で跳ぶのでタイミングがとても繊細で、選手によって得手不得手がかなりあります。

実は私は、現役時代ループが苦手でした。トリプルアクセルが代名詞だったこともあり、アクセルの練習を重視していて、ループの練習を始めたのがそもそも遅かったのです。初めて跳んだ3回転はサルコウで、3回転トウループ、3回転ルッツを跳び、その次にトリプルアクセルを成功しました。フリップとループは後から習ったのですが、いま思えば、あれは私のスケート人生の大きな失敗でした。3回転ループの練習を始めたのが遅すぎて、実際に跳べるようになったのは25歳のとき、競技人生最後のシーズンでした。

英語にはこんなことわざがあります。「You can't teach an old dog new tricks.（老犬には新しい芸を教えられない）」。ジャンプはやはり若いうちに身体で感覚的に覚えるものです。私は老犬になってから、頭で理解しながら3回転ループを練習しましたから、自然にループを跳べるタイプではありませんでした。

ユヅルもハビエルも、とても自然にループを跳びます。特にユヅルには天性の素質があります。3回転ループを本当にきれいに跳ぶユヅルは、その延長線上で4回転ループを跳ぶ才能がありました。これはもう私が教えるべきものではありません。まず選手が自分特有のタイミングを身体に覚えこませるしかないのです。私たちコーチは、フォームが崩れてきたときに理論的に修正する立場になります。

実際に練習を始めると、ユヅルは4回転ループの練習に執着しました。成功すれば世界初となるジャンプですから、当然です。4回転ループにこだわるあまり、プログラムの練習もスケーティングの練習も、気持ちが集中していない状況になっていきました。私は「あれ、ちょっと話が違うんじゃないか？」と思いはじめました。あくまでも私は、ケガのリハビリに4回転ループはいいと思っていました。4回転ループだけ練習しようとは提案していません。試合で本当に入れる必要があるのかどうかも、完成度を見極めてから決めるつもりでした。

本来オフの間は、スケーティングやスピン、ステップといった技術の練習が大事でしたし、プログラム全体の練習をしないと得点が伸びません。このまま4回転ループを成功させただけでは得点は伸びません。4回転を跳んでも惨敗する、採点方法を理解していない若者のような状態になってしまうと思いました。コーチとしていろいろ言いたい気持ちはありました。

一方で、4回転ループをひじょうに美しく跳ぶユヅルを見て、これを否定することもできませんでした。あれだけのスピードと、美しいカーブと、自然な跳躍です。クリーンに成功したときは本当にファンタスティックなものです。成功率も70パーセントくらいまで上がっていて、サルコウやトウループよりも安定していました。

4回転ループ成功にこだわるのはなぜなのか

4回転ループを夏の間に習得したユヅルは、当然ながら9月の初戦から4回転ループを試合に入れることを提案してきました。その成功率と質の高さからして、コーチとしての見立ては「GO」です。しかし簡単に「そうだね、4回転ループをやろう」と言うのは、昨季まで積み上げてきた方向性を見失う可能性があると感じました。コーチが「4回転ループさえ跳べればいい」と同調したと思われてはいけません。ですから私はユヅルに条件を示しました。

「4回転ループを入れるのはいいね。ただし他のジャンプもしっかり跳び、演技にもスケーティングにも注意を払うんだ。トータルパッケージとしてのプログラムを完成させるなら、4回転ループを入れる意味があるだろう」

すると次に、ユヅルはジャンプ構成をこう提案してきました。ショートでは「4回転ループ、4回転サルコウ」、フリーでは「4回転ループ、4回転サルコウ2本、4回転トウループ1本の合計4本」。昨季よりも4回転ループという新しい種類を増やしただけでなく、フリーでは本数も増やそうというのです。

もし私の戦略で「ショート2本、フリー4本」を成功させようとするならば、まずプログラム全体の滑り込みから始めます。スケーティングもつなぎもステップも、ジャンプ以外の要素を完璧に仕上げておきます。そうして、一か八かで4回転ジャンプを次々と跳ぶのではなく、質の高い4回転にこだわって跳び、シーズンを通して4回転を2本、3本、

4本と増やしていきます。このやり方のほうが、実際には早く仕上がります。

この練習方法をもうすこし詳しく説明すると、こういうことです。ジャンプは種類ごとにタイミングも力の入れ具合も違います。ですから新しいジャンプをプログラムに入れると、いままでのリズムと異なる分子が入ってくることになります。4回転ループのリズムだけ考えて優先してしまうと、他のすべてのジャンプのリズムが崩れてしまいます。つまりパーフェクトの演技をするために必要なのは、ジャンプ自体の技術に加えて、違うリズムのジャンプをひとつの曲のなかに共存させる技術なのです。「ジャンプ単発では簡単に成功できても、曲をかけると跳べない」ということが起きるのは、こういう理由によります。

ですから新しいジャンプをプログラムで挑戦するには、それまで作り上げたリズムの秩序を保ちながら、新参者をなじませなければなりません。これは経験しないとわからない難しい世界です。2016年になって急に4回転をたくさん入れている若者たちは、3種類や4種類を同時に入れる「リズムの変化の難しさ」を体験していません。練習で一本一本成功させるのと、曲を通してまとめ上げるのは、まったく違う技術です。

その点、ユヅルもハビエルも昨季の経験があります。「4回転3本」をまとめるリズムを身体が覚えています。ユヅルにはこの「有利さ」を生かしてほしいと思っていました。4回転ループのリズムに全体が引きずられるのではなく、プログラムのバランスのなかに4回転ループをなじませるのです。

しかしユヅルは、自分が出せる最大限の力をつねに発揮したいタイプです。無理なことに挑戦したい若者です。それがユヅルでもあります。あくまでも4回転ループの習得が優先で、それをやりながら片手間にプログラムの練習をしようとします。すると曲をかけた練習のときに、冒頭の4回転ループが成功しないとプログラム全体のモチベーションが落ちてしまいます。逆に4回転ループが決まると、それに満足してあとは雑になります。これではジュニアの子どもと同じです。目の前でハビエルが最高のプログラムを踊り、後半の4回転を決めてみせても、まったく刺激されている様子がありませんでした。

私は、ユヅルのモチベーションを疑うときすらありました。4回転ループの成功にこだわるのは、「自分の限界に挑戦するため」ではなく、「他の選手が4回転フリップや4回転ルッツを跳ぶから」ではないか、と。それでは目的意識を見失ってしまいます。でもユヅルはとても頑固な性格です。4回転ループの初成功までは、何をどう諭しても、聞く耳を持たないだろうと思いました。世界初のタイトルが目の前にあって、自分にはその身体能力があるのですから、選手として当然のことです。「平昌オリンピックでユヅルが幸せな笑顔になれるように」と願う私の作戦とはまったく違う方向性ですが、とにかく初成功まではユヅルの好きなようにさせようと思いました。

昨季には考えられない低い評価

9月29日、シーズン初戦となるオータムクラシックをモントリオールで迎えました。ユヅルは4回転ループをショートでもフリーでも入れていました。試合で成功すれば世界初の大技。さまざまな思いが巡りました。いままでとは違う緊張感もあったでしょう。だからこそ、私たちコーチ陣は普段通りにしました。

ユヅルの練習の成果もあり、ショートの冒頭で4回転ループを成功させました。素晴らしいことです。私はその歴史的瞬間に興奮しつつも、「まだまだ演技はここから」と思いました。すると続く4回転サルコウは1回転になり、無理に連続ジャンプにして転倒しました。何よりよくなかったのは演技全体に集中力を欠き、「つなぎ」やスケーティングが雑になっていたことです。ユヅルは演技が終わると、サルコウをミスした場所まで戻って

2015年グランプリファイナル開催地は昨年に続きバルセロナだった。フェルナンデスは昨季よりもリラックスして試合に臨んだ。「ハビエルの名前がアナウンスされると、地元スペインの観客たちが一斉に足をダダダダと太鼓のように踏み鳴らしました。一気に空気が変わりました。リンクは伝統的なフラメンコを踊る街酒場に化しました。ショートはフラメンコ『マラゲーニャ』。スペインのプログラムを、スペイン人が、スペインの地で踊る。これは歴史上初めてのことだったでしょう。するとキス&クライに座っていたユヅルがハビエルに向かって『Vamos, Javi!（頑張れ！　ハビ）』と叫んでくれました。私はハビエルを見送りながら、声援を送るユヅルを振り返り、コーチとして本当に誇らしくなりました」。写真：アフロ

2016年世界選手権の本番前、ボストン入りした羽生には気持ちが乱される出来事が続いた。「ユヅルはその不安や怒りを、うまく闘志にかえて試合に臨みました。すべてのジャンプを降りる素晴らしい演技でした。ショートの気迫を見て私は、ユヅルは気持ちの整理をつけたのだと思いました」。写真：中西祐介／アフロスポーツ

フェルナンデスは2016年欧州選手権に続き世界選手権でも300点超えを果たし、２連覇を達成した。羽生は前回大会に続き銀メダリストとして表彰式に臨むことになった。「ユヅルは試合直後、かなり落胆していました。ハビエルの優勝を讃えて笑顔を見せてはいました。でも一緒にいたハビエルはユヅルが自身に対して落胆していることがわかっていましたから、とても謙虚に接していました。そして冗談っぽくこう言ったのです。『落ち込むなって。オリンピックまで、あと２年もあるから。僕をこてんぱんに打ち負かす時間は、まだたっぷりあるじゃないか』」。写真：アフロ

羽生は2016-2017年シーズンから４回転ループをプログラムに組み込んだ。シーズン初戦のオータムクラシックでは４回転ループに初成功したが、続くグランプリシリーズ初戦のスケートカナダではショートもフリーも４回転ループをミス。それ以外の要素も悪く、著者の目にはプログラム全体が崩れてしまったように見えた。その後の話し合いを経て修正し、グランプリシリーズ２戦目のNHK杯ではプログラムの質が見違えるように改善された。「ユヅルは４回転ループをミスしたことですこし悔しそうでしたが、『あとちょっとだった～』と言いながらも笑顔でした。優れたプログラムを滑りきったとき特有の達成感を抱いているのがわかりました。ショートのスコアは103.89点。演技構成点をすべて9点台まで乗せたのは今季初でした」。写真：アフロスポーツ

インタビュー期間中のある日、構成の野口と編集者は著者の自宅に招かれた。写真は1984年サラエボオリンピックの銀メダルなどメダルの数々と、プロスケーターになった後に出演した映画「氷上のカルメン」の闘牛士エスカミーリョ役で獲得したエミー賞のトロフィーを手にする著者。写真：野口美恵

2016年グランプリシリーズ開幕直前、トロントのクリケット・クラブのリンク前で対談を行うハビエル・フェルナンデスと著者。写真：野口美恵

行き、氷を見つめて悔しそうにしていました。私はプログラム全体が崩れていたことのほうが気になり、キス&クライに向かって2人で歩いていく間に、こう言いました。

「これは君にとって素晴らしいプログラムだ。観客を楽しませることができたし、とても良いプログラムだよね」

4回転ループの成功を褒めるよりも先に、そう言ったのです。実際には私にはわかっていました。今日のショートは得点が出ない、と。だからこそ、わざとプログラムのことに触れました。88・30点という低い得点が出ると、ユヅルは納得の表情でした。そして4回転サルコウでミスした理由を説明してくれました。氷上にあった溝に足がハマったのでした。でも同じジャンプを何度も練習するときに、自分の作った溝にハマることはよくありますし、次回からは対策可能なミスでした。

選手通路に戻って、すぐにスピンやステップのレベルを確認しました。ステップはレベル4でしたので、これは安心しました。今季のプログラムの初披露ですからテクニカルコントローラーがどう判断するか、初戦でチェックしておかねばならないからです。コーチとして、この日にできることはここまででした。

翌日のフリーも似たような展開になりました。4回転ループはきれいに降りたものの、後半の4回転サルコウ、4回転トウループでミスがあり、さらに最後の3回転ルッツまで転倒したのです。プログラムを滑り込めていないことが明白でした。得点は172・27点で、自己ベストから47点以上も低く、特にPCSは86・60点で5項目のうち9点台はひとつだけという、昨季には考えられないような評価でした。

ちょうど同じ日程で、日本ではジャパンオープンが開かれていました。昨季からめきめきと力を伸ばしてきた宇野昌磨が198・55点で首位。しかもPCSは9点台が4項目並び、90・00点でした。同じジャパンオープンに出場したハビエルは192・20点で2位。この時期なりの計画通りの得点でした。PCSは9点台後半が2項目ある高評価で94・12点と、最高のスタートでした。ユヅルは当然ながら、この宇野やハビエルの得点を見たことでしょう。悔しい思いをしたはずです。自分が何をしなければならないのか、理解したと思います。4回転ループを成功しても得点は低かったのですから。

ところがグランプリシリーズ初戦のスケートカナダは、ユヅルにとってさらに悔しい試合となりました。冒頭の4回転ループは、ショート、フリーともにミス。集中力が切れたのか、その他のミスもありました。得点は総合で263・06点。パトリック・チャンの後塵を拝しての2位です。

やっとここで、私の出番となったのです。

話し合い、そして理解

スケートカナダが終わったある日のことです。私とユヅルは話し合いの場を持ちました。トレーシー・ウィルソンも一緒です。

「そろそろコーチの助言に耳を傾けるべきだ。4回転ループを毎日跳ぶ必要はないし、プログラムの練習もしたほうがいい。オータムクラシックでの4回転ループの成功は素晴らしかった。でも演技は雑だったよね。全体を滑りきる体力もなかったんじゃないか？　このやり方では、いつまで経っても4回転を入れたプログラムは完成しないよ」

得点のことだけではありません。私はユヅルのケガも心配でした。

「スタミナ不足でプログラムを滑るとどんな危険があると思う？　演技後半で疲れているときに、無茶をして4回転サルコウやトウループを跳ぶ。すると変な着氷をして、足首に負担がかかり、大きなケガをする可能性があるんだ。冒頭の4回転ループだけに集中するのではない。演技全体をトータルパッケージとしてまとめあげる、最後まで全力で滑ってスタミナをつけていく、という練習をするべき時期だ」

すると、それまで自分の意見をまったく言わずに4回転ループを黙々と練習してきたユヅルが、意を決したように口を開いたのです。

「スケートカナダまで、たしかに4回転ループの練習をたくさんしていました。でもそれは、僕にとって4回転ループは演技の一部だからです。僕にとっては、ジャンプが決まらないプログラムはトータルパッケージではないんです」

画期的な出来事でした。ユヅルがここまで言葉ではっきりと主張してくれたのは初めてでした。たんに頑固に4回転ループにこだわっていたわけではなく、やはりユヅルにはユヅルの論理があったのです。

お互いに意見をぶつけてみれば、目指しているゴールは同じでした。

「4回転をすべて成功させて、そのうえで演技も素晴らしいものにする」

ただしユヅルのほうがジャンプの重要性をすこし重く感じていました。私の意見とズレがあるからこそ、ユヅルは自分の意見を口にせずにいたのです。しかしユヅルは口論になる覚悟を決めて「ジャンプは技の一部ではなく、演技の一部なのだ」と主張しました。その考え方で演技を磨くため、まずジャンプから練習しているのだと言ってくれたのです。

本音を言い合ったことで、目的もはっきりしましたし、私は気持ちの面でもスッキリしました。ユヅルとチームを組んでから5年目。ユヅルが私に対して信頼を感じてくれているのがわかりましたし、私もユヅルを心の底から最高のパートナーだと感じました。コーチと選手の関係には、互いに誤解して意見が割れたり、また手を取り合ったりと、いろいろなことがあるものです。こういう関係のなかで、お互いが学び合うものです。

話し合いの末、私は言いました。

「ようし、いまの4回転競争に私たちも加わろうじゃないか。安全策を取るつもりは私にだってないよ。そのかわり戦略的なルートを行くんだ。4回転ループを入れて、フリーでは3種類4本を入れる。演技にもスケーティングにも気を配る。トータルパッケージという意識だけは忘れるなよ」

3度目の300点超え

スケートカナダのあと、ユヅルは別人になりました。ユヅルにとって、とても大きな存在になっていた4回転ループは、3種類ある4回転のうちのひとつになりました。細かい演技や振付にも気が向くようになりました。転換点を通過したのです。

ある日、ユヅルは練習のときに、フリーのランスルーで、前半の2本(ループ、サルコウ)はミスしましたが、後半の2本(サルコウ、トウループ)を成功させました。しかも3回転ルッツも、2本のトリプルアクセルも成功し、素晴らしいコレオシークエンスを見せました。これは大きなブレイクスルーでした。ユヅルの練習の方向性が変わったことを意味する演技で、ループの成功の可否はもう関係なくなりました。ユヅルは「素晴らしいプログラムを滑る」意義を理解してくれたのです。親心というのでしょうか。なんとも感慨深い気持ちでした。

もちろんシーズン最後に向けては、フリーでの4回転ジャンプを4本とも成功させます。当然そこがゴールです。いまのユヅルは正しいプロセスの上にいて、このままやっていけばまず300点を超え、いずれは4回転を4本とも成功する、そう確信できる練習でした。

次戦のNHK杯は札幌の真駒内アイスアリーナで開かれました。この会場へは何度も足を運んでいます。札幌オリンピックでフィギュアスケートが行われた、歴史ある会場です。ユヅルは絶好調でした。ユヅルはファンの応援があるほうが力を発揮するタイプですから、母国の試合だからといって重圧に負けるタイプではありません。

この大会には、今季注目を集めている米国の17歳、ネイサン・チェンがエントリーしていました。ルッツ、フリップ、サルコウ、トウループの4種類の4回転を成功させている若者です。初戦では「ショートで2本、フリーで5本」と4回転の史上最高本数に挑戦していました。しかし私の感想は、昨季にボーヤン・ジンを見たときと同じです。私たちの作戦には何の変更も必要ありません。4回転をたくさん跳ぶことは勝利への近道ではありません。私もユヅルもまったく焦ることはありませんでした。

ユヅルはショート冒頭の4回転ループで着氷が乱れました。これは本当にタイミングが難しいジャンプですから仕方のないことです。そこからがスケートカナダとは違いました。ループのミスに引きずられることなく4回転サルコウを成功。何より会場と一体となるテンションの高い演技を披露しました。ジャンプより何より、ユヅルが生き生きと演技している姿を見られて、私はホッとしました。この演技ならPCSも伸びるだろうと感じました。昨季までユヅルが積み上げてきたものをしっかりと受け継いだ新しいショートを、初めて披露できたという気持ちでした。

ユヅルは4回転ループをミスしたことですこし悔しそうでしたが、「あとちょっとだった〜」と言いながらも笑顔でした。優れたプログラムを滑りきったとき特有の達成感を抱いているのがわかりました。ショートのスコアは103・89点。PCSはすべて9点台での46・54点でした。すべて9点台まで乗せたのは今季初でした。

一方のネイサンは、4回転ルッツは転倒するも4回転フリップを成功させて、87・94点で2位発進しました。なかなか負けん気のある若者です。ユヅルにとっては、これくらいの刺激があったほうがいいでしょう。

フリーでは、ユヅルは4回転ループをきれいに降りました。やはり日本の地で成功させておきたかったでしょうし、これは精神的にも大きな壁をひとつ乗り越えた瞬間です。後半の4回転サルコウで転倒がありましたが、だからといって演技が崩れるものではありません。後半になってもスピードが落ちず、美しい曲に溶け込むように滑りました。ミスがあったのに、ミスしたことを忘れさせる。そんな新しい境地の演技でした。

ショートで高得点でしたから、私は「これは300点を超えるな」と直感しました。得点が待ち遠しく、実際に301・47点のスコアが表示されると、日本のファンが大きな歓声を上げてくれました。ユヅルはホッとした様子でした。無理もないでしょう。ショートで100点を超えた以上、300点超えのチャンスという重圧がかかります。しかも日本での試合です。ここ2戦不調だった気持ちもあったでしょう。

昨季の2度の300点超えとは異なり、今回は新しい収穫がありました。それはショートもフリーも「ミスがあったなかで300点を超えた」ことです。昨季はパーフェクトに滑り、マジカル・モーメントを起こしたからこそ高い得点が出ました。今回はマジカル・モーメントとまでは言えない、「まあまあ良い演技」です。それでも300点を超えることがわかりました。

ユヅルがいまスケート界のなかで、どれほど高い位置にいるのか。はっきり言って計り知れないほどの高さです。ユヅルにとってはもう300点は何の重圧でもなくなりました。やはり積み上げてきたものは正しかった。ちょっと話し合って方向性を確認しただけでここまで進化する、ユヅルの反応の速さにも驚かされました。実に誇らしい夜でした。

すぐにピークが来るユヅル

今季のうちに必ず取り組んでおかなくてはならないテストがあります。「2月のピーキング」です。オリンピックは2月ですから、毎年3月末の世界選手権よりも1ヵ月半くらい早い時期に開催されます。したがってオリンピックシーズンは何もかもすこしずつ早めに準備を始めることになります。この「ピークの調整」を、オリンピックシーズンになって初めて取り組むのでは遅すぎます。プレオリンピックシーズンのうちに「1シーズンを通じた調子の波とコントロール」のグラフを完成させておかなければなりません。

オリンピックシーズンは、実際に始まると気持ちが休まらないものです。「オリンピックはあっという間だ！」と考えるので、いろいろなことを変更できません。ですから、2016―2017年シーズンのうちに「2月にピークを持ってくる」体験をしておく必要があります。もしうまくできなくても、調整ミスの原因がわかれば構いません。私のチームにとって2016―2017年シーズンは、1年間まるごとオリンピックシーズンのシミュレーションになります。

ハビエルはアイスショーを控えめにし、移動も少なくしてトロントで過ごし、2月にピークが来るように集中してトレーニングを行います。ユヅルもケガのリハビリをトロントで行い、トロントを拠点にした練習態勢をしっかりと作り上げています。

2016年の10月、ハビエルには好調なシーズンインを迎えさせようとしました。彼は2015年10月のジャパンオープンで良い成績を残していましたから、2015年夏のトレーニングのパターンが参考になります。私はすべての試合に向けて2人がどんな練習をしたのか記録をつけてありますから、そのメモを見返して練習ペースを決めました。9月のキャンプにハビエルが現れると、「去年よりちょっと仕上がりが遅れているな」とわかったので、ハードなメニューにしました。そうしてキャンプが終わるときには遅れを取り戻させました。結果として2016年のジャパンオープンでは、フリーで192点台と上々のスタートとなりました。

こういったピーキングについて、私はすべて選手に話します。ハビエル自身にも自分の調整について理解してもらい、スケジュール通りにこなせば成功につながることを実感してもらいます。それによって世界選手権やオリンピックのような大きな大会でも「いつも通りだ」と自信を持つことができます。

ユヅルについては、まだまだピーキングは模索の段階です。セオリーとしてのピーキングはありますが、ユヅルにはそれが当てはまりません。ユヅルは調整からピークまでの期間がとても短いので、ちょっとやる気を出したり、頑張ったりすると、すぐにピークが来ます。多くの選手はシーズン後半にピークの目標をおき、徐々に上げていくので、12月にはまだピークが来ません。しかしユヅルは、ここ3年ともシーズン前半の12月、グランプリファイナルにピークが来ました。ユヅルの体質や性格だと、年に2〜3度のピークが必要なのでしょう。12月のあと、もう一度ピークを作る手法を今季のうちにテストしなければなりません。

ユヅルのここ2年のペースを考えると、グランプリファイナルで一度目のピークが来るのは、OKです。そのあと12月末の全日本選手権ですこし調子を落とすのもOKです。ところが3月の世界選手権にもう一度ピークが来ることを期待しても、調子が上がりきらないまま試合を迎えてしまうパターンが続きました。ピーキングについては何度もユヅルと話し合い、ユヅルもその重要性は理解してくれています。しかし周囲の期待に応えたい、つねに良い演技をしたい、すべての試合で勝ちたいとユヅルは考えてしまいます。グランプリファイナルが目の前にやってくると、そこに全力で向かっていき、そして燃え尽きてしまうのです。もう一度、3月にピークを持ってくる能力も体力もあるはずなのに、そうはいきませんでした。

思い当たる原因のひとつは、12月の全日本選手権と3月の世界選手権との間に試合がなく、時間が空きすぎることです。ハビエルは1月末に欧州選手権がありますし、全米選手権や全カナダ選手権は1月にあります。ユヅルだけがシーズン中盤にまる3ヵ月試合がありません。試合勘や緊張感が鈍りますし、身体が違うシーズンのように感じてしまい、調子が落ちきってしまう可能性もあると思いました。ですから今季は、2月に開かれる四大陸選手権が重要なタイミングになると考えています。

2月にピークを持ってくる利点は、もうひとつあります。ユヅルは昨季のNHK杯でパーフェクトの演技をしたあと、グランプリファイナルもパーフェクトでした。2つの試合には2週間の間がありました。ユヅルの場合は、これくらいの期間ならピークを保てるということです。四大陸選手権から世界選手権まで、およそ1ヵ月ですから、この間隔だとどうなるのかを見極めることができます。オリンピックの団体戦にまた出場することになった場合、団体戦から個人戦までの1週間という短い期間だと、ピークを落としたほうがいいのか、落とさないままのほうがいいのかを見極めるヒントにもなるでしょう。

このように、どんなペースで試合が訪れるとユヅルは「調子が上がる」「調子を保てる」のかを知るきっかけになるのが、2月の試合です。そして今季が終わったら、ユヅルと徹底的に話し合いたいと思っています。自分のピークの時期や体質についてよく理解してもらい、オリンピックシーズンは計画的にコンディションを維持しなければなりませんから。

４回転新時代に惑わされるな

昨季に激化した4回転バトルは、予想以上に早いスピードで、さらに高度なレベルへと上がってきています。昨季は当時17歳のボーヤン・ジンが「フリーで4回転4本」を成功させ、新時代の寵児と言われました。今季は17歳のネイサンが「フリーで4回転5本」に挑戦しました。他の若者たちも、新たな種類の4回転に次々と挑んできています。

特にショートでは、ユヅルのように110点前後のスコアを出したいなら、2本の4回転が必要です。どんなにGOEの加点とPCSで稼いでも、4回転1本では理論的に110点は出せないからです。ですから「どんな4回転技術が必要か」というテーマは、2015―2016年シーズンでのブレイクスルーに加え、2016―2017年シーズンの飛躍があり、オリンピックシーズン中にも変化する可能性があります。私なりの戦い方のセオリーはありますが、時代の潮目を注視し、柔軟に考えを変化させなければならないとも感じています。

そんな状況のなか、2016―2017年シーズンの2人の「4回転計画」を立てることになりました。ユヅルとハビエルの2人には、明確なアプローチの違いが生まれつつあります。ハビエルよりもユヅルのほうが若いからです。

ユヅルにとって確実に言えるのは、「フリーで4回転3本」では、もはや役不足ということです。すでに昨季2度、パーフェクトで滑りましたし、もっと難しい4回転の構成にしても大丈夫です。ユヅルは22歳と若く、伸びしろがあるからです。昨季に330点を超えたのに、驚くべきことにユヅルはまだ進化の途中なのです。

今後のテーマは、まずはショートをクリーンに滑ることです。ショートに関しては、NHK杯以降すべての試合でノーミスを目指すべき状態に仕上がっています。フリーについては、「4回転を4本」はひじょうに難しく時間がかかる挑戦ですし、何度もノーミスでできるものではありません。

ハビエルはシーズン後半には26歳になります。平昌オリンピックでは27歳になる直前です。彼にとって必要なのは、新しいことに挑戦することではなく、クオリティを追求していくことです。ハビエル自身が自分の4回転の才能をよくわかっていますし、プログラムをどう踊りこなせばどんな得点が出るのかもつかんでいます。彼は自分の能力も評価も、すべてを納得したうえで作戦を立てました。練習ではハビエルも4回転ループを降りています。しかし試合で入れるかといえば、それは彼の戦略ではありませんし、彼自身が入れないことを選択しました。

結果として、4回転は「ショートで2つ、フリーで3つ」、昨季と同じです。そのかわりジャンプの質をもっと向上させ、成功率も高め、プログラム全体の演技やスケーティングを追求する。ハビエルはこの作戦で揺らぎません。オリンピックまで、たくさんの4回転を跳ぶ若者たちに追われながら、精神的にタフなシーズンが続くことになりますが、目の前にある自分のプログラムに取り組むだけです。

こうしてユヅルとハビエルの2人は、昨季のように同じジャンプの本数を目指す立場ではなくなりました。しかし「成功者への切符」は2人それぞれの手中にあります。その切符は、優れたプログラムを踊る者だけに贈られるからです。

「4回転新時代」の潮流のなか、他の選手が重視しているのは「4回転をたくさん跳ぶこと」。しかしこれは「成功者への切符」には交換してもらえません。4回転の本数や種類にこだわる限り、その切符は手に入らないでしょう。4回転をたくさん入れはじめた若者たちは、助走が長く、「つなぎ」もほとんどなく、4回転だけに気を取られています。振付もあまり素晴らしいものになっていません。はたしてそんな「単なるジャンプ」に価値があるのでしょうか。GOEやPCSの大きな点数を犠牲にして新たな4回転を1本入れるのですから当然、点数は上がらず、結局はどんなに「4回転新時代」と騒いだところで、4回転の本数だけでは勝てません。勝利のためにはバランスが大切で、昨季のユヅルやハビエルのように、GOEでほとんどが「+3」なら30点も40点も加点があります。PCSも9点台後半なら、8点台の選手と10点も20点も差をつけられます。

4回転ループを新たに導入するユヅルにとって重要なのは、いまの「4回転新時代」に惑わされないことです。ユヅルはたんに4回転をたくさん跳べば話題になるから4回転ループを追加したのではありません。ジャンプの才能があるうえに4～5年間にわたりプログラムを磨いてきました。それでもユヅルはまだ能力の限界に達していないので、新たに4回転ループを入れるのです。フリーで4回転を4本も跳びながら、なおかつ「つなぎ」をたくさん入れ、美しいスケーティング技術を維持できる選手なのです。

ユヅルには「成功者への切符」のオプションとして、4回転ループの招待状が届きました。でも4回転の招待状だけでは、成功者への列車には乗れません。ユヅルにとっての4本目は、他の若者たちにとっての4本目とは、意味が違います。ユヅルは4回転ループを入れるという挑戦によって、技術面だけでなく、精神的にも人間的にも何らかの変化を遂げようとしています。演技を見るときも、ミーティングを重ねるときも、それがじゅうぶんに伝わってきます。

有望な選手を正しく進化させられるか

まるで「流感」のような4回転ブームのウイルスに感染すると、それがもたらす悪い結果は、4回転だけでは「勝てない」こと以外に、「ケガ」があります。実際、才能ある4回転ジャンパーの若者たちが昨季から続々とケガをしています。4回転5本に挑戦しているネイサンは、2016年1月に股関節を痛めて手術を受け、シーズン後半を棒に振りました。日本のジュニア王者の山本草太も、ケガで2016—2017年シーズンを欠場しています。昨季の世界ジュニア選手権で2位になった19歳のニコラ・ナドゥ（カナダ）も、4回転ルッツを成功していたのに、2016年夏にケガをして離脱です。

ケガの原因には、大きく2つあるでしょう。ひとつは疲労です。疲れているときは集中力が落ちていますから、変な着氷をして足首をひねります。跳び上がりでも、無理な筋力を使うことで肉離れや股関節痛、じん帯損傷などのケガをすることがあります。もうひとつは、若い選手の場合には成長期との関係があります。急に背が伸びる時期は、成長痛もありますし、そもそもジャンプの感覚がズレやすい。この時期の選手に無理をさせると、予想しない関節痛や腰痛を引き起こし、しかもこれがスケート人生を通じての持病になることがあります。

ですから重要なのは、コーチがケガに注意することです。選手の身体を見て、4回転の練習をさせるのにふさわしい時期や練習量を見極めます。若手ほど自分の身体を過信し、無理をします。ときにはコーチや両親に嘘をついてでも4回転の練習をしようとしますが、10代のうちに致命傷になるような大ケガをしたらアウトです。ギリギリのところで大事に至らないように、「違和感」や「ちょっと痛い」という段階でコーチはストップをかけなくてはなりません。

実はステファン・ゴゴレフは、まだ11歳なのに4回転サルコウや4回転ルッツを跳べてしまいます。彼は天才的なジャンパーで将来有望ですが、それだけにケガをしないよう注意してやる必要があります。まだ身体が出来上がっていない子どものうちに、無理なジャンプを跳んでケガをしたら、将来の芽を摘んでしまいます。4回転を、何歳のときに、どの試合で、何本入れるか。落ち着いて計画しなければなりません。4回転ブームのウイルスに犯されて、うっかり毎日練習なんてしてはダメです。

私は4回転の練習を否定しているのではありません。「4回転5本」と聞けばやはりワクワクしますし、スポーツですから身体能力の限界に挑む若者は必要です。フィギュアスケートの進化にとっていいことです。大切なのは、その選手にとって適切な4回転の練習をしているかどうかです。もう26歳になった選手が新たな4回転を練習して、もしケガでもしたら、平昌オリンピックを見送ることになります。そんな必要はありません。

一方で、ネイサンも宇野もジンもまだ若いのですから、新しい4回転にまず挑戦して大技を若いうちに身体へ覚え込ませる作戦は「イエス」です。ステファンのように次世代の選手が計画的に4回転を練習しておくのも「イエス」です。

とにかく私のチームから4回転の悲しい犠牲者が出ないよう、私はつぶさに観察を続けるだけです。余計なお節介かもしれませんが、4回転を練習できるような有望な選手たちが、4回転ブームのウイルスに感染してケガをしないでほしいと思います。若い選手ほど練習を休むのが怖くて痛みを訴えない傾向が強いのです。どうかこの激化する4回転戦争が有望な選手を正しく進化させることにつながるように、競技の発展につながるように、私も選手もファンも関係者も、間違えることなく情熱を注いでいきたいと思います。

解説

2016―2017年シーズン

羽生結弦とハビエル・フェルナンデスの「300点超え」の興奮冷めやらぬなかでスタートした2016―2017年シーズンは、2人が刻んだマイルストーンを標的に、「300点超えのためには4回転が何本必要か」という「4回転競争」が激化した。

まず、羽生とフェルナンデスの4回転構成「ショートで2本、フリーで3本」に追いつき追いこせ、とばかりに「本数」を増やす選手が続出した。米国の17歳ネイサン・チェンは「ショートで2本、フリーで5本」の前人未踏の本数に挑み、関係者を驚かせた。18歳のボーヤン・ジンは「ショートで2本、フリーで4本」、宇野昌磨は「ショートで2本、フリーで3本」と、すさまじい本数合戦が展開された。

さらに「新しい種類」をめぐる競争もヒートアップした。2015―2016年シーズンの終盤となる4月に行われたチャレンジカップで、宇野が史上初の4回転フリップを成功させた。それに触発された羽生が2016年9月のシーズン初戦で史上初の4回転ループを成功させた。チェンは4回転フリップと4回転ルッツの両方を跳び分ける偉業を達成。ジュニアの選手の中にも4回転ループが、着氷は不完全ながら認定される選手が現れた。

約30年におよぶ4回転ジャンプの歴史を振り返っても、異常なまでの新種ラッシュだ。1988年にカート・ブラウニング（カナダ）が4回転トウループを初成功、1997年にティモシー・ゲーブル（米国）が4回転サルコウを初成功。以来は、4回転ルッツを一度成功させた米国選手がいただけで、およそ20年にわたり、4回転といえば「トウループかサルコウ」の時代が続いていた。その身体能力の限界が一気に引き上げられた、の一言に尽きる若手の躍進だった。

しかし、オーサーはこの「4回転競争」を手放しでは賞賛しなかった。オーサーの戦略は、まったくブレることがなかった。

「たくさん4回転を跳べば300点を超えるわけではない。300点を超えるためには、技ひとつひとつの加点を積み増すことと、演技全体をまとめてPCSで高い評価を得ることだ」

実際に、新種の4回転を駆使する若者らの誰も300点を超えていなかった。それは羽生を含めても、だ。たまりかねたオーサーはスケートカナダのあと、羽生と徹底的な議論をする。「4回転ばかりが勝利の武器ではない、トータルパッケージが大切なのだ」と諭すオーサーに、羽生は「自分にとってはジャンプが決まってこそのトータルパッケージなんです」と応じる。激論の末2人は、実際には同じゴールを目指していることに気づく。それは「4回転を成功させながら、演技も最上級のものを行う」こと。アプローチの差だった。

納得した羽生はNHK杯で、4回転ループの成功の可否にこだわらず、演技全体へ心を配るようになる。その転換が、まさに300点へのルートだった。ショートで103・89点、フリーで197・58点をマークすると、4回転ループ導入以来初となる300点超えを達成したのだ。

「観客に目線を送りながら、一緒に曲を感じ取り、一体化した演技ができました」と羽生は言った。試合後には、「スケートカナダまで4回転ループの練習をたくさんしていた自分に、ブライアンもモヤモヤしていたみたいです。話し合った結果、練習の内容がよくなりました。トロントに来てから5年目。ブライアンと息が合い、徐々に垣根のない関係になってきました」と笑顔を見せた。

続くグランプリファイナルには、新4回転時代の若者が勢揃いする。チェンはフリーで「4回転3種類4本」を成功、宇野も「4回転2種類3本」を成功させた。しかしここでもオーサーの戦略が羽生を勝利へと導く。ショート、フリー通じてひとつひとつの技の質の高さや演技全体をまとめた羽生が、293・90点で4連覇を達成した。ジャンプミスがあり4位となったフェルナンデスも、PCSでは羽生に次ぐ評価で、トータルパッケージ戦略の強さを見せた。

「グランプリ2戦とも優勝したことで、さらなるブラッシュアップとしていろいろなことに手を出しすぎました。次の試合までには調整します」

と反省点を把握したうえで、フェルナンデスはシーズン後半へ。また羽生は、

「4回転ループが新しいジャンプという意識はなくなってきました。昨季よりジャンプの難度を上げてもまだ得点は低い。もっと得点を上げて、誰も追随できない羽生結弦になりたい。シーズン後半には完成させます」

と宣言して、シーズン前半を締めくくった。

新たな時代の若者たちが、それぞれの武器をぶつけ合う。オリンピックの前年にふさわしい、挑戦と戦略が交じる1年だった。

第6章

オリンピックとチーム・ブライアン

苦しい日もある

私にとって、コーチとしては3度目、選手時代から含めると5度目のオリンピックがやってきます。平昌オリンピックでは、5つ目、そして6つ目のオリンピックメダルを目指すことになるわけです。それは素晴らしい体験になることでしょう。スケートをしてきた喜びが凝縮される瞬間です。

しかしオリンピックが近づいてくるたびに私が思うのは、スケートを滑る本当の目的は何なのか、ということです。ひじょうに難しい問題です。オリンピックに出られる選手も、選考で落ちる選手も、そもそものレベルに達していない選手もいます。しかし皆がスケートに人生の一部を捧げています。オリンピックでメダルを目指すのが当たり前になっている私たちにとって、オリンピック前にちょっとだけ〝初心〟を思い出しておくのは、とても大切なことだと思います。

失ってはいけないもののひとつは、スケートを滑る喜び、滑るときのあの気持ちいい感覚です。本当に苦しい時期であっても、その喜びを忘れてしまってはいけません。

私がスケートに夢中になったのは、滑るのが大好きだったからです。滑るときの感覚、スピードが出るときの感覚が最高でした。跳び上がる爽快感も、音楽に合わせて踊る心地よさも好きでした。しかし重圧を背負い大会に出るようになってくると、その感覚を忘れてしまいます。頭の中は、トリプルアクセルの調子が良いか悪いか、得点が前回より高いか低いかでいっぱいです。いまの選手は、回転不足やエッジが正しいかどうかなど、自分では判断がつかない細かいことにまで気持ちがいってしまいます。スケートが大好きであることを忘れてしまうのです。

そうしてスケートを大嫌いになるときが来ます。最悪の事態です。私のチームの選手がそんな状況にならないよう、オリンピックシーズンは特に各選手がどんな心理状態にあるのかケアしていかなければなりません。

2016年のオフには、ナム・グエンにスケートを嫌いだと思う瞬間が何度も訪れていました。彼はユヅルとハビエルの2人に勝つことが使命になり、また関係者からそう期待され、自分の方向性を見失いました。何もかもが4回転トウループと4回転サルコウのためだけの練習になりました。誰かのモノマネをして皆を笑わせていた、かつてのナムの姿はすっかり消えています。スケーティング技術を磨くためのクラスに参加していると、ジャンプの練習ができないことにイライラしていました。一緒に練習しているユヅルもハビエルも4回転を跳べるのに、うまく跳べない自分がかれらと一緒にスケーティングの練習をしていたら追いつけないと思って焦るからです。

私や他のコーチ、選手まで、ナムにはいろいろな言葉をかけましたが、彼はスケートそのものを嫌いになっていました。それによって彼の良さが消え、成績が出なくなりました。残念なことでした。せめて20代になる頃には私たちのチームで得たものを何かひとつでも思い出して、スケートを滑る喜びを取り戻してほしいと思っています。私はナムが楽しそうにプログラムを踊る姿を、彼がほんの小さな子どもの頃から見てきましたし、もっともっと見たいと思っていますから。

ユヅルにもハビエルにも、苦しんでいる日があります。それでもかれらはスケートへの情熱を失いません。うまくいかずに意気消沈する日は、ユヅルやハビエルは自分の部屋に戻って、じっくり考えます。ユヅルは自問自答し、動揺やイラ立ちなどの感情の原因を探って、うまく処理します。ハビエルは世の中には解決できないことがあるものだと納得して、ゲームをして気持ちをリセットします。翌日には成長してリンクに戻ってきます。

世界中のどんな選手だって、たったいまこの瞬間にも、まったく同じ体験をしています。米国女子のなかで最も期待されていたグレイシー・ゴールドは2016―2017年シーズンでは挫折を味わっています。アシュリー・ワグナー（米国）は挫折の時期を乗り越えて這い上がってきました。アダム・リッポン（米国）は長いトンネルから抜け出せるかどうかという位置にいますが、まだ苦しんでいます。日本の浅田真央や宇野昌磨にも苦しいシーズンがありました。

そうです、いまこの瞬間にも、誰かが挫折を体験しています。スケートを嫌いになってしまいそうな崖っぷちで戦っているのです。本当の王者は、その辛さに打ち勝てる者です。問題が起きたときにどうやって解決するのか？　どうやって状況を好転させるのか？　明日はどんな態度でリンクに戻り練習するのか？　どうやってこの問題に区切りをつけるのか？　どんなトップ選手でも、そうやって自問自答を繰り返すことで、最後には「やっぱりスケートが好きなんだ」と初心に戻るのです。挫折に勝てる真の王者とは、自分なりの自問自答で解決方法を見つけている選手です。悩みがない人などいないのですから、自分とこうやって対話すれば解決する、というコツさえ知っておけばいいのです。

もし私が現役時代、メンタルの扱い方をいまのように知っていたら、どんなに違う結果になっていただろうかと思います。当時の私はそれほど賢くなく、心理戦略もわからず、10代20代の若者そのままに、いつも不満やイラ立ち、怒りでいっぱいでした。私は完璧主義者でしたから、毎日が完璧でなければイラついてしまうタイプでした。来る日も来る日も同じ方法でトリプルアクセルを練習し、ミスをしては焦りや劣等感を感じていました。それでスケートを嫌いになったり、トリプルアクセルを嫌いになったりしました。そういうときには自分としっかり対話するか、すこし休むか、別の練習をするか、いくらでもポジティブになれるツールはあったのでしょう。でもまだ20代前半だった当時の私は、そんなことを知る由もありませんでした。

ですからユヅルとハビエルの2人には、ムダにイライラしたり、ましてやスケートを嫌いに思う瞬間を味わったりしてほしくないと思っています。そのための態勢は、この5〜6年でしっかり整えてきました。私もいますし、心強い味方としてもうひとりのヘッドコーチのトレーシー・ウィルソンがいますから。

トレーシーは母親のような立場で2人と話ができます。彼女にはユヅルやハビエルと同じくらいの年頃の子どもが3人いて、ティーンエイジャー特有の悩みや、20代前半に感じがちな不安などを理解してあげられます。母親の立場から2人の話に熱心に耳を傾け、ひと言ひと言をじっくり受けとめてくれるのです。実際のところ2人とも、悩みごとは私にではなくトレーシーに打ち明けています。でもこれは本当に嬉しいことです。

私は「これは何かあるぞ」と感じるところまでは鋭いと思っています。何気なく「大丈夫かい?」とひと言聞くことが、選手への合図になります。選手は私には「大丈夫です、あとすこしです」と答え、見守ってほしいという合図を返してきます。でも感情があふれ出そうな瞬間になると、トレーシーにいろいろと具体的に相談しています。

逆に私は、泣いたり怒ったりします。特にハビエルと言い合いになると、彼が耐えきれずに泣き、私まで感情を爆発させて泣いてしまいます。でも恥ずかしいことだとは思っていません。選手とコーチが本気で向き合えば、そうなるのです。

ユヅルはメンタル面に関する限り、普段は他の人を必要としません。彼は信頼できる人間がこの世にひとりでもいれば、あとは自分でコントロールするタイプです。私と徹底的な議論をしたのは、本当に2016年のスケートカナダのあとくらいかもしれません。日々のちょっとした相談はトレーシーにしていますし、感情的になることもありません。

私にとってとにかく嬉しいのは、この2人が苦しいときの自問自答のコツや心の動きのパターンをよくつかんできていることです。結局は選手自身が心理学者となって、自分のメンタルをコントロールするしかありません。私たちコーチはその独り立ちまでをサポートする親のような存在です。オリンピックまで、いろいろな不安や喜び、焦りが2人の心に襲いかかるでしょう。でもどんなときでも「スケートが好き」という初心に戻れば大丈夫です。コーチである私自身も、その初心を共有して進んでいきたいと思います。

10人がオリンピックに？

チーム・ブライアンにとって、今度のオリンピックがバンクーバー大会ともソチ大会とも違うのは、オリンピックに向かって準備している選手が何人もいることです。ユヅルとハビエルは当然ながらメダル候補ですが、それ以外にも、オリンピックに出場し、かなりいい線までいけそうな若手が何人もいます。自然にプレオリンピックシーズンの高揚感や緊張感がクリケット・クラブ全体のなかに広がってきます。

エリザベート・トゥルシンバエワも、2016―2017年シーズンからはいよいよシニアに参戦です。カザフスタンの女子では揺るぎないエースですから、出場枠さえ取れれば代表に選ばれ、オリンピックに出場することは間違いないでしょう。彼女はとても小柄ですが、努力家で貪欲《どんよく》です。ショートは昨季と同じ「アイ・ガット・リズム」にしました。昨季はまだ手こずっている様子でしたが、滑りこめばもっと衝撃的なプログラムになるでしょう。面白くて、アップビートで、楽しくて、でもとても難しい曲です。エリザベートの成長のためにはぴったりです。彼女自身はスローで美しい曲を滑るのが好きですが、まだ若すぎてスローな曲で観客を魅了するだけの力はありません。むしろアップテンポな曲で自分の幅を広げていくべきだと判断して継続して使うことになりました。苦戦はしていますが、オリンピックシーズンには成長した姿を見せてくれるはずです。

韓国のチャ・ジュンファンも、２０１６―２０１７年シーズンはジュニアでトップにいます。ジュニアグランプリでは4回転サルコウを決めて関係者を沸かせました。平昌オリンピックのシーズンにはシニアデビューし、鳴り物入りで地元開催のオリンピックで活躍することでしょう。

また、カナダ女子のトップ3のうち2人が私のチームにいます。ガブリエル・デールマンとアレーヌ・シャルトランです。彼女たちもオリンピック出場をかけてカナダ女子のなかで競い合っています。

ペアのスケーターとしては、リュボーフィ・イリュシェチキナ&ディラン・モスコビッチ（カナダ）がいます。彼らはメダル候補で、パワフルなジャンプをいつも見せてくれています。

とにかく素晴らしいチームです。10人前後の選手がオリンピックに出られる可能性があるのですから、これは嬉しい悲鳴ですよね。コーチも含めたら15〜16人のチームになるでしょう。バンクーバーのときは、ヨナと私2人のチームでした。今度は大きなチームです。平昌オリンピックの会場内に、私たちチームのコミュニティ〝クリケット村〟そのものを持ち込めるのではないかと、いまから楽しみです。

フリーに出る24人全員が4回転を跳ぶ

4回転をめぐるオリンピックの歴史も、激動の時代にあります。

バンクーバーのときには、4回転を跳ばなかった選手が金メダルを獲りました。銀メダルのエフゲニー・プルシェンコが4回転を跳びましたが、金メダルのエヴァン・ライサチェク（米国）は4回転を跳びませんでした。銅メダルの高橋大輔は1本だけトウループを跳び、ミスをしました。そんな大会でした。

ソチではトウループとサルコウの2種類になりました。でもハビエルやユヅルなどごく一部の選手が2種類を跳び、銀メダルのパトリック・チャンも、銅メダルのデニス・テンもトウループだけでした。

平昌に向けては、すべての選手が最低でも1度は4回転を跳ぶと思います。男子シングルは24人がフリーに進出しますが、その全員が挑戦するでしょう。しかも、たやすく当たり前のように跳ぶでしょうね。歴代のスコアシートを比較したら、きっと面白いですよ。ここ10年くらいの試合で4回転に挑戦した本数と、成功した本数を、折れ線グラフにします。そうすれば、どれほどいま4回転ジャンプ熱がすごいかがわかります。間違いなく、右肩上がりに爆発していることでしょう。バンクーバーで4回転を成功させたのは、プルシェンコひとりしか印象に残っていません。でもソチでは、フリーで4回転を跳んだ選手は14人いて、1本でも成功したのは9人でした。平昌では24人全員が少なくとも1本は跳ぶことになるのですから、それは面白いグラフになります。

女子シングルはあまり進化していません。トリプルアクセルを跳んでいるのは、エリザベータ・トゥクタミシェワ（ロシア）と浅田真央くらいで、日本のジュニアが跳びはじめはしたものの、それだけです。誰も「2018年平昌オリンピックでは、3〜4人の女子選手が頻繁にトリプルアクセルを跳んでいるだろう」などとは予言していません。つまり男子は誰も予想ができなかったほどにレベルが上がっているのです。数十年のレンジでスケートの歴史を見ても激動の時代です。本数が複数になっただけでなく、ルッツ、フリップ、ループという新たな4回転が一気に加わったのですから。

4回転アクセル（4回転半）にお目にかかれる日も、もう近いのかもしれません。誰が最初にできるかはわかりません。現時点で、世界で一番トリプルアクセルがうまいのはユヅルでしょう。でもケガのリスクもありますし、来季にオリンピックがあることを考えると現実的ではありません。もっと次の世代、ステファンの世代までは時間がかかるでしょう。それはともかく4回転ジャンプに関しては面白い時代です。これは平昌オリンピックで切れる潮流ではなく、さらに数年は変化が続くのではないかと感じています。

韓国のオリンピックでの曲選び

私は、オリンピックでは世界選手権ほどには開催国の文化を意識しません。オリンピックはグローバルなイベントだからです。開催国の文化を離れ、「オリンピック文化」または「オリンピックコミュニティ」という世界観のなかで滑ることになります。観客もジャッジも選手も、その開催都市にいるときに体験するのはオリンピック文化です。ロシア文化でもカナダ文化でも韓国文化でもありません。それが、いままで選手やコーチとして参加してきたオリンピックにおける雰囲気でした。

開催都市はオリンピック一色に染まり、非日常的な空間に変わります。街中どのショップでもオリンピックのキャンペーンをやっていて、オリンピックのグッズがそこらじゅうで売られています。テレビをつければオリンピックの特集番組。選手村も、関係者施設も、オリンピックスタジアムの周辺も、当然ながらオリンピック一色です。その街や国特有の文化は薄れます。ですから私は、開催国の文化に順応したプログラムを選ぶ必要はないと考えています。何度もオリンピックを経験して、そう思うのです。韓国は欧米の文化を吸収している国なので、どんなスタイルのプログラムを見ても観客はそのよさがわかるでしょう。キム・ヨナの活躍でフィギュアスケートへの理解も深まっています。

ちなみに世界選手権は違います。その都市の日常のなかで、わずか数日間、試合が行われます。観客はほとんど地元の人で、しかも日常生活はいつも通りに過ごしていて、試合の時間だけ会場に来ます。ですから２０１６年ボストンの世界選手権でハビエルはフランク・シナトラを踊ったのです。開催国の音楽や踊りなどの文化を調べ、ある程度の戦略を練ることができます。

もし唯一、韓国の文化を考えて選曲するとしたら、チャ・ジュンファンのプログラムです。彼はオリンピックシーズンにシニアに上がり、韓国内では数少ない自国のフィギュアスケート選手として注目が集まるでしょう。オリンピック開催国を代表する選手である意義の重さを象徴するためにも、韓国のスタイルや雰囲気を取り入れた曲を選ぶ方法があると思います。

私が曲を選ぶときに焦点を合わせるべきなのは、やはりどんな演技がその選手を最も輝かせるのか、ということになります。ハビエルとユヅルはあまりにも優れているために、たくさんの選択肢があります。同じタイプの曲しか滑れない選手もいますが、ハビエルとユヅルは、速い曲、スローな曲、ブルース、ジャズ、クラシック、なんでも滑りこなしてしまいます。ユヅルはショートでショパンの「バラード第１番」でもプリンスのロックでも１００点を超えました。ハビエルはフリーでオペラ「セビリアの理髪師」でもフランク・シナトラでも世界王者になりました。

しかも重要なのは、2人はスケート界を牽引する存在ですから、自分がやりたいと思ったことが最善のプログラムになるということです。他の選手がこれをやるから、今年の流行はこれだから、といったこととは関係ありません。どの長所を伸ばそうとか、弱点を克服しようなどとも考えなくていいのです。彼らが最も情熱を燃やせるプログラムを選べばいい。ここまで到達するには4～5年の歳月がかかりましたが、準備万端の状態で平昌オリンピックの曲を選ぶことができます。

本番で力を出すために

ユヅルもハビエルも計画してきた通りのステップを進んでいます。いままで4～5年かけて取り組んできたことを忠実に続ける限り、オリンピックまで自然に進化するでしょう。

では、オリンピックに向けてさらにやるべきことは何か？　私の仕事は、メンタルトレーニングに対する、かれらの意識を高めることです。オリンピックシーズンは、平常心を乱す大きな混乱が待ち構えています。リンクに通う電車のなかで目を開けばオリンピックマークがあちこちにあります。カフェでは隣席の人がオリンピックの話をしています。ハビエルが自宅でプレイステーションを楽しんでいても、突然オリンピックに関係があることを連想する場合もあるでしょう。ユヅルがベッドで横になり、眠れない夜を過ごすときには、試合のイメージトレーニングをしていることでしょう。

ですからオフの時間に心穏やかでいられる方法を、自分自身で見つけなければなりません。呼吸法にしろ、ヨガのような体操にしろ、瞑想のようなものにしろ、何かしら自分なりの方法を見つける必要があります。できれば、いつでも使える技術を。しっかりしたメンタルコントロールの科学的な手法を、2人に説明しなければなりません。

メンタルトレーニングをわかっていない多くの選手は、こんなふうに思い込もうとします。

「オリンピックなんて関係ない。いつもと同じシーズンだ。何も気にしなければいいんだ」

そうではないのです。オリンピックシーズンが特別であることを、受け入れなければなりません。どんなに普段通りだと思い込もうとしたところで、やはりオリンピックシーズンはいつもと違います。事実から逃げて過ごしていたら、試合の本番直前になって急に焦ったり、氷に乗ってから緊張したりします。オリンピックに向かっては、陰に隠れたら負けます。正面から立ち向かうことが重要です。むしろユヅルやハビエルには、「ワクワクしてうまく滑りたくて仕方がない、準備万端だ」といった精神状態でオリンピックの会場入りをしてほしいのです。

試合でのメンタルコントロールのひとつに「ルーティン」があります。これは、心の持ちようというよりも、かなり戦略的な手法です。選手が普段通りの力を発揮するため、平常心を保つために、ルーティンと呼ばれる「いつも通りのパターン」を決めておく手法です。ひじょうに多くのスポーツで取り入れられており、むしろ無策のまま試合に行くトップ選手のほうが少ないでしょう。

私は現役時代、スポーツ心理学者の指導を受けていたことがあり、いろいろなことを教わりました。その時代からルーティンという言葉はありました。ピーキングがうまくいって、試合当日いかに朝から絶好調でも、本番直前にガチガチに緊張してしまったら力を発揮できません。ですから「試合の日にピークを持ってくる」ピーキングに加えて、「本番の瞬間に力を発揮する」ためにルーティンを行います。

すべての行動は、いつもの試合通り、いつもの練習通りにしなければなりません。「前日は何時に寝て、今朝は何時に起きたか」「朝はどんな練習をしたか」「朝練の後は、寝るのか、シャワーを浴びるのか」「会場入りする直前は何をするか」「何時に会場入りするのか」「食事は試合何時間前にとるか、そのメニューは」「滑走順が何番だった場合はどうするのか」「陸上でのウォーミングアップは何時にするのか、どんなメニューか」

こうしたすべての行動を、試合ごとにメモしています。その結果どうなったかもメモしておきます。そして選手が力を発揮できたパターンを絞り込んでいき、ひとつの項目ごとに「これをルーティンにしよう」と決めていきます。同じ時刻に起床し、同じ時刻に食事をして、同じウォーミングアップをして、同じ練習をします。会場ごとに提供される食事が違いますから、自炊することもあります。

2016年世界選手権のユヅルの場合、入念に練ってきたルーティンがありました。ところが、バスに定刻通りに乗れなかったり、ウォーミングアップを予定の時間に始められなかったり、予定外のことが起きて、ルーティンが崩れてしまいました。その結果フリーでは力を発揮できなかったわけですから、オリンピックに向けては、さらにルーティンの重要性をユヅルに説明していきたいと思います。

また、より強固なルーティンを確立するために、私たちのチームでは、世界選手権やオリンピックのような大きな大会の前には、大会のシミュレーションを行います。2016年世界選手権の10日ほど前は、ユヅルを除き、大会に出場する選手全員が参加しました。トロント郊外のリンクを借り切り、地元のジャッジに参加してもらい、プロのアナウンサーを用意して、大きなスクリーンには演技のリプレイなども映します。選手たちは、くじ引きで滑走順を決めました。観客として地元の子どもたち200〜300人を呼びました。本番さながらのシミュレーションです。小さな大会の前であれば、クリケット・クラブを使って中規模なシミュレーション大会を行うこともあります。その場合でも、ジャッジやアナウンサーを揃え、父兄たちがラウンジから見守ります。

演技後にジャッジから話を聞きます。ちょっと意地悪な視点で「もう一度ステップシークエンスを滑ってほしい」「スピンをやって見せて」などと指摘してもらい、最後の修正をします。シーズンのはじめにはレベル4で作っていたスピンも、毎日練習しているうちに無意識に手を抜いて、回転が足りずレベル3の内容になっているときもあるからです。

2016年世界選手権のシミュレーションは、すべてがポジティブな雰囲気で進みました。ハビエルは本当に素晴らしい演技を披露し、自信をつけました。うまくいかなかった選手は理由を探します。「スケート靴を早く履きすぎてしまい、待ち時間に緊張してしまいました」「直前の選手への拍手で、集中力を切らしてしまいました」など、彼らも何かしらを学びます。そして自分たちが数年または1年かけて決めてきたルーティンが正しいことを確認し、試合へと向かいます。平昌オリンピック前も、同じようなパターンで行うことになるでしょう。

競技から引退したあとも続く人生

スケートファンの方々は、私がユヅルやハビエルといったトップ選手だけを教えているコーチだと思っているかもしれません。しかし実際は違います。クリケット・クラブの早朝のクラスではまだヘルメットをかぶっているような小学生の子どもたちを教え、午前のセッションではスケートを愛するマダムたちへのレッスンをします。クリケット・クラブにはスケートを愛してやまない老若男女が集まり、私は誰にでもコーチをします。私たちコーチは、どんなトップ選手でも、スケートの楽しさや競争心、前向きな気持ち、お互いを助け合う気持ちを失わずに選手を続けてほしいと思っています。

すでに何度もお話ししてきましたが、私たちチーム・ブライアンの最終目的は、「選手がここを巣立ったあとに人生に役立つツールを授けること」です。

ついこのあいだも、私のチームで5年練習してきたロシア出身の少女に、大学に出す願書の推薦状を書いてほしいと頼まれました。私はとても嬉しく思いました。彼女がどれほどこのクラブで頑張っていたか、熱心だったか、大学に通って勉学を身につけるだけの資質を備えているかを書きました。スケートに出会い、スケートの練習を頑張ったことが、次の人生につながるのは素晴らしいことです。クリスティーナ・ガオ（米国）にも推薦状を頼まれ、彼女は2012年秋にハーバード大学に進学しました。2015年6月にはスケートを引退し、学業に専念する人生を選びました。とても誇らしいことです。

選手たちがクリケット・クラブを巣立ったあとにも、彼らの人生は続きます。ここでの経験が人生の役に立つことが、私の願いです。選手は20代半ばまでに競技から引退することが多いのですが、そこからの人生はもっとずっと長いからです。どんな仕事に邁進しようと、家庭を持とうと、ここで私たちが教えてきたことはすべて、彼らの人生に影響を与えるのです。

私はこんなふうに願っています。私の教え子がいつか仕事で悩んだときに、「あのときブライアンはこんなアドバイスをしてくれたな、こんなふうに解決してくれたな」と思い出してくれること。人間関係で悩んだときも、「ブライアンはこう、トレーシーはこう、他のコーチはこんな役割だったな。それぞれ違う人間で性格が違っても、お互いを認め合っていたな」。子育てに奮闘しているときは、「あのときトレーシーはこんな母親のようだったな、ブライアンはこんな父親のようだったな」と。そうやって人生の節目節目で、私たちのことをちょっとだけ思い出してくれたらいいなと思います。

ユヅルとハビエルの2人とは、私はずっといい関係でいられる気がしています。2人はまったく違う性格で、違うストーリーを歩んできました。オリンピックまで含めれば、人生で最も色濃い6～7年をともにしてきた仲間ですから。

ハビエルは平昌オリンピック後に引退したら、いずれは素晴らしい先生になるでしょう。オリンピック後はあちこちのショーに呼ばれて忙しい時間が数年続くとは思いますが、将来的には素晴らしい先生になるタイプなので、しっかりコンタクトを取り続けたいと思います。彼は人に教えることが大好きで、しかもそれに情熱を持っています。ただし朝早いのはダメですが……。きっと午後から教えることになるのでしょう。

ユヅルは大学の勉強を続けるかもしれません。彼には幅広い才能がありますから、どんな分野にいってもうまくやっていけるはずです。語学もじゅうぶん身につけましたし、医学分野でも教育分野でも、どんな分野でも一流になれるでしょう。なぜならユヅルは、目標の立て方や努力する方法、それを実現する意欲の持ち方のすべてを知っているからです。また勉学とは別に、彼は日本人選手の素晴らしいメンターになれるでしょう。個々の生徒を教える先生になるのではなく、自分の経験と大変な努力を活かし、メンターとなって、日本の後輩たちを世界のトップ選手に育て上げる活動ができるはずです。

いずれにしても、2人が社会人として経済的にも社会的地位でも立派な生活を送れると予測できるのが、私にとって一番の安心です。親が子どもに望むのと同じです。スケートのおかげで今後の人生を歩んでいける準備をさせることが、私の役割なのですから。

時代を先取りするのは私たち

ユヅルとハビエルの2人と歩む「チーム・ブライアン」もいよいよ最終コーナーを曲がりました。これまでの素晴らしい日々に思いを馳せたいところですが、本番はこれからです。この2人が平昌オリンピックに向けて、さらにどんな進化を続けるのかと思うと、いてても立ってもいられません。

私たちはスケートの歴史を刻んできました。「300点」というマイルストーンをひとつ打ち立てたのです。女子シングルでは長いこと200点がマイルストーンでした。まずヨナがその壁を破り、その後は誰もが破りたい壁であり、目標になりました。いまやエフゲニア・メドベージェワ（ロシア）のような才能ある若者が次々と200点を超え、トップ選手になるためのひとつの指標へと変わっていますが、ヨナが突破するまでは、誰にも破れない壁だと思われていました。男子シングルも同じです。ユヅルが300点の壁を破り、ハビエルがそれに続きました。今後はユヅルとハビエル以外にも続出するかもしれません。2人もこれから何度も300点超えをマークするでしょう。

かつて私も「トリプルアクセル」というマイルストーンを打ち立てました。あの時代では最高の技でしたが、いまやトップ選手は誰もが跳ぶジャンプになりましたね。

では次なるマイルストーンは何か。これはいまスケート界の話題の中心でしょう。もしそれが数年以内に起きるとしたら、平昌オリンピックのときでしょう。ユヅルかハビエルが勝ったときに起きる可能性はあります。でも私たちは、もはや300点とか330点といったマイルストーンにこだわる必要はないのです。350点を目指す必要もありません。2人の心の中に、それぞれのマイルストーンがあればじゅうぶんだからです。

平昌オリンピック後のルール改正ではGOEの加減点が「±5」になるそうです。となると、ユヅルの330点超のときの演技をすれば、新しい採点では350点くらいになるかもしれません。この改正は、ユヅルとハビエルが引き起こしたものです。2015年グランプリファイナルでのユヅルの4回転サルコウは、もうこの世で最上級のものでした。2016年世界選手権でのハビエルのサルコウもそうです。ところがGOEは「まあまあ良いジャンプ」で「+2」、「素晴らしいジャンプ」で「+3」です。そのため「本当に素晴らしいものをちゃんと評価する」流れが起き、採点の幅を「±5」へ広げることになったのです。この点でもユヅルとハビエルはスケート界を牽引しました。平昌オリンピック後は、採点の変化によって、300点という数字も意味合いが変わっていくでしょう。

フィギュアスケートはひたすら進化しているのだと私は思います。別のスポーツで考えてみればわかることです。ひとつのオリンピックで記録が生まれ、次のオリンピックが開かれるときには、かつての記録は古いものになり、新しい記録が生まれます。選手が人間の限界に挑戦し続ける限り、スポーツは進化します。水泳も短距離走も、走り高跳びも。

フィギュアスケートも同じです。平昌オリンピックでは、たくさんの4回転を見ることになるでしょう。それと同時に、芸術性も進化していきます。技術面のハードルが上がり、競技としてのフィギュアスケートが進化します。芸術面でも素晴らしい演技が生まれ、エンターテインメント性がさらに追求されます。フィギュアスケートは、新たなレベルへと押し上げられていくのです。ですからユヅルもハビエルも、300や330などの数字を考える必要はないのです。

もしかしたら、次なるマイルストーンは、次世代になってから打ち立てられるのかもしれません。たとえばステファン・ゴゴレフは、2022年の北京オリンピックで出場できる年齢になります。300点のマイルストーンが刻まれてから6年後になります。そのときに男子シングルはどうなっているか。彼なら4回転を5種類跳ぶ能力がありますし、それが新たなマイルストーンかもしれません。そのために彼をスケーティング技術の優れた選手に育て、優れた基礎を教え、強靱な身体を与えながら、6年間準備することになります。

私はユヅルとハビエルと一緒にコーチを引退するわけではないので、まだまだコーチとして進化していかなければなりません。私はひとりでここまで進んできたわけではけっしてなく、他の種目のコーチや経済界のリーダーなどから、学べるものは何でも吸収してきました。

かつてNBA（バスケットボール）界にフィル・ジャクソンという監督がいました（現NYニックス球団社長）。11度もチームを全米王者に導いた名監督です。彼の『イレブンリングス――勝利の神髄』という本では、コーチングに関する戦略が語られています。私には共感するところがたくさんあり、とても嬉しく感じました。それ以外にもスポーツ心理学者のピーター・ジェンセンの本はたくさん読みましたし、いまも読み返します。経営学者のリーダー論も役に立ちます。

重要なことは、私が毎日何かを学ぶことです。学ぶのをやめたときが、コーチを終えるときです。コーチとして、リーダーとして、自分が軌道を外れていないことを確認し、新たな戦略を練ってきました。

英語にはこんな表現があります。「Stay ahead of the curve.（つねに一歩先を行け）」。その通り。私たちは時代を先取りします。フィギュアスケートの流行を知ってから追いかけるのではなく、フィギュアスケートの新たな潮流を作るのが私たちです。私たちが進んだ方向が、スケートの目指す方向になる。それがマイルストーンを刻んだ者に与えられる、最大の楽しみであり、最大の責任です。

私は本当に恵まれたコーチです。選手としては、喜びも苦しみもありながら、２つのオリンピック銀メダルを手にしました。ヨナとは、勝利に向かって人間が成長していく4年間を共有し、バンクーバーオリンピックの金メダルを見ることができました。

ユヅル、ハビエルとともに手にしたのは、「時代の一歩先を行く」生き方です。フィギュアスケート界で生きてきた私は、2人のおかげで、「これがフィギュアスケートだ」という絵を描き、皆に見せることができるようになりました。私は解放されました。何かを真似するとか、何かと戦うとか、何かに耐えるとかではない。彼ら2人と歩む日々のなかで、私自身がとうとう人生のツールを手にしたのです。

ユヅルとハビエル。2人への心からの感謝を胸に、平昌オリンピックへと向かっていきます。

終章

ブライアン・オーサー&ハビエル・フェルナンデス師弟対談

羽生結弦とハビエル・フェルナンデスの目覚ましい活躍で、世界最強タッグと言われるチーム・ブライアン。オーサー・コーチと世界王者連覇のフェルナンデスが、２０１６年グランプリシリーズ開幕直前に、３００点超えまでの道のりとチームの強さについて語った。

「計画通りに練習させれば成功する」とわかっていた

――まずはフェルナンデス選手の３００点超えおめでとうございます。進化が続いていますね。

ハビエル・フェルナンデス　本当に素晴らしい一年でした。でもユヅとともに練習をして、気づいたら進化していたという感じです。

ブライアン・オーサー　正しい練習を4年、5年と続けてきたことが、やっと一気に爆発しましたね。とにかくユヅとハビを誇らしく思っています。

――ではフェルナンデス選手がチームに加わったときのことからお聞きしましょう。

オーサー　ハビが私のチームに来たのは２０１１年の夏だったね。まだ20歳で、子どもっぽさも残っていました。少年から青年に変わり、いろいろなことを計画的に身につけていくのにちょうどいい時期だったと思います。

フェルナンデス　僕の第一印象は、とにかく「ちゃんとしてるチーム」でした。氷上でも陸上でも、計画や準備がしっかりしているんです。

オーサー　ハビに対する第一印象は、実のところ「あまり計画性がない、ちょっといい加減なタイプ」というものでした。以前から国際大会では見かけていましたから。反対に言えば「計画通りに練習させれば成功する」とわかっていました。ですから私は最初から、ハビに対して好印象でした。可能性を秘めた選手だ、と思っていたんですよ。

フェルナンデス　ブライアンやトレーシー・ウィルソンは毎日のように電話をかけてきて、「さあ、これがスケジュールだよ、どの試合に出るの？　いつプログラム作りをするの？」と訊いてきました。ここに来るまで、そんなことはありませんでした。

オーサー　そう。まずはハビのいい加減なところを直すのが課題でした。ハビがここに来たその日から、こう言いました。「これから振付師のデイヴィッドに会いに行って、曲やアイデアについて話し合うよ」と。そして、どんなスタイルを目指すのか、どんなプログラムを滑りたいのか、自分で考えさせるようにしました。自分のことに責任感を持たせるようにしたんです。でもまだ20歳だったハビが何もかもを自力でこなすには、負担が大きすぎますから、練習以外のことは世話を焼きました。寝坊していたら車で迎えに行ったりもしたよね。

フェルナンデス　そうでした……。

オーサー　まだ始めた頃のことですが、いろいろなことがいい加減なのでスペインのスケート連盟に電話をしました。そうしたら「ああ、ハビですからね」「スペイン人ですから」という答えが返ってくる。笑ってしまいました。もちろん、もう6年近くも前の話です。いまのハビは違いますよ。

――チーム・ブライアンに加わったときの最初の目標は？

フェルナンデス　トロントに来たときの僕はまだ男子の上位15人にも入っていませんでした。トップ争いとはまったく違う世界です。僕がここに来たのは、僕の人生全体を改善するためでした。当時の僕は、かなりいい加減な生活を送っていたからです。

オーサー　ハビには転換が必要でした。それで最初の数ヵ月、私は練習に厳しい態度であたりました。彼の隠れた可能性が見つかると、それを引き出そうとします。でもハビは練習方法をなかなか理解しないので、最初の数ヵ月はよく衝突して、大声を上げることも多かったですね。

フェルナンデス　それまでとは練習方法ががらりと変わったんです。思い出すのは、ここに来た最初にブライアンとトレーシーに「普段、どのくらいランスルーをするの?」と訊かれたこと。曲をかけて最初から最後まで通す練習方法を、週何回くらいやるのか、と。それで僕は「たぶん年に2度か3度です」と答えたんです。

オーサー　しかもハビはあのとき「試合もその数に含めるんですか?」って聞いてきたんだよ(笑)。

フェルナンデス　そうしたら2人が「ええと、まあ、そうだね……」と。それ以来、僕はフリーのランスルーを週に2~3回は滑るようになりました。大きな転換でした。

オーサー　最初の頃のランスルーはひどいものでした。最後のほうで息も絶え絶えになったハビを、コーチも選手も皆で「頑張れハビ、あとすこしだ」と練習中に大声で励まさないといけないんです。でもランスルーを最後まで滑り切れば、自信がつきますし、体力もつきます。

フェルナンデス　ランスルーをまったくやっていなかったときの、試合での僕の気持ちがわかりますか?「本当に最後まで滑り切れるんだろうか」といつも不安でした。

オーサー　私の現役時代のことですが、自分の曲が流れはじめると、いつも「ああ、ランスルーをもっとやっておくんだった」と後悔するんですよ。だから、いまツラい思いをしておけば、試合本番で練習してきた自分に感謝することになります。

フェルナンデス　僕は人生で初めて本当の練習を始めたことになるんです。周りに自分を導いてくれる人がいれば、すこしずつ上達していって、あるとき「ワオ！　僕は別人のように進歩したぞ」と思えることも、ここに来て学びました。

プルシェンコの言葉

——2011—2012年シーズンのグランプリ初戦、スケートカナダで銀メダルでした。

フェルナンデス　あのときは信じられませんでした。だってパトリック・チャンと一緒の試合で、ショートは首位だったんですよ。当時のパトリックは無敵で、誰も彼を打ち負かすことはできないと思われていました。あの日は、彼の人生最高の演技ではなかったのかも。「うわあショートでパトリックに勝っちゃった！　本当？」という感じでした。そして総合でメダルを獲った瞬間、僕はまるで世界王者になったみたいな気分でした。グランプリの表彰台なんて考えたこともなくて。僕はただ練習をして、スケートをしていただけ。しかも表彰台に立って周りを見回した瞬間に、「ああ神様、なんて素晴らしい光景なんだ」と感じました。強烈な印象でした。

オーサー　国際スケート連盟の主催大会でスペイン人が初めてメダルを獲った大会でした。だからスペインのスケート連盟もジャッジも涙を流して喜んでいました。感動的な、そして大きな転換点でした。ただ私は、キム・ヨナが韓国に初めてオリンピックの金メダルをもたらしたときのことを覚えています。スペインの選手だからといって勝てないなどとは思っていませんでした。先駆者になるのは素晴らしいことです。ハビはこのスケートカナダの銀メダルで「メダルを獲るのはそれほど大変なことではない」と学んだと思います。賢い練習をすれば結果が出ます。その年のグランプリファイナルは3位に輝きました。彼は理解したと思います。「なるほど、そんなに難しいことじゃないんだ」と。

――急成長の一年でしたね。頑張ることができた要因は？

フェルナンデス　とにかく居心地がよかったんです。良いコーチに恵まれ、僕はスケートがどんどんうまくなりました。このチームも環境もすべて大好きになりました。しかもカナダの人たちはとてもオープンで、僕はよその国の人間なのにカナダ人みたいに接してくれるんです。

オーサー ハビは遠く離れたスペインから、言葉も違う国から、家族と離れてひとりでここに来ました。でもこのチーム・ブライアン、それにクリケット・クラブには、コミュニティがあります。コーチも親もスタッフも、趣味で来られるスケーターさんも選手も、皆が一緒に生活するコミュニティなんです。それが私のチームの強さでもあります。

――2012年からは羽生結弦選手が合流しました。ライバルが来ることは、どう感じましたか?

フェルナンデス 当時、僕はユヅを試合会場で見て知っていましたし、ブライアンから話を聞いて、「それはすごいや」と言いました。

オーサー 私はまずハビに相談しました。ユヅがここに来ても構わないか、ハビの気持ちを確かめるためでした。ハビとはすでに1年一緒に練習してきて、言いたいことはいつでも話せる一定の信頼関係ができていましたから。

フェルナンデス ユヅが加わっても、僕は自分の練習方法に満足していたので、スケーティング自体を変えることはありませんでしたね。もちろんユヅがキツい練習をしたり、難しいジャンプを跳んだりしているときは、刺激になりますし目からも学べました。

オーサー　ユヅが来たことは、お互いのモチベーションにプラスに働きました。2人はお互いの存在ゆえ、より優れた選手になっていったんです。現役時代の私とブライアン・ボイタノも同じです。彼がいたからこそ、私は成長しました。

——ボイタノとオーサー・コーチもやはり世界トップを争う2人でしたね。でもユヅルとハビエルは同じチームメイトでもあります。その違いはありますか？

フェルナンデス　昨年（2015年）のことですが、エフゲニー・プルシェンコから「君たち2人が競い合っていることで、フィギュアスケートを進化させている。君たちのおかげで他の選手はもっともっと進化しなければならない」と言われました。とても光栄なことですよね。過去には、テッサ&スコット組（カナダ）とメリル&チャーリー組（米国）が激しく競い合ってアイスダンスを進化させました。スケートをすこしずつ進化させるのは、そういったライバルの戦いなんです。

オーサー　ハビとユヅはまったく違うタイプの選手なのがいいのでしょうね。真似されて困ることもありませんから、お互い秘密がありません。それが長く一緒にいられる理由でしょう。もしキム・ヨナと浅田真央だったら話は違います。2人はよく似たスケーターですから、お互いを見るのは精神的によくありません。でもヨナとカロリーナ・コストナー（イタリア）だったらスケートのタイプも習慣も違うので、うまくいったかもしれませんね。そういうことです。

観客の声援をエネルギーに変えるには

――ソチオリンピックに向けては、どんな目標をお持ちでしたか？

フェルナンデス 表彰台を狙うのが大きな目標でしたが、当時の僕は世界王者ではありませんでした。世界選手権で3位になったことがあるだけだったので、オリンピックでも表彰台に上りたいなあ、という感じでした。

オーサー ソチの前年の世界選手権で3位でしたから、現実的にメダルを獲る可能性はありました。しかしオリンピックでは不運なミスがあって、銅メダルを手にできる内容だったのに4位に終わりました。

フェルナンデス ソチのあと一番変わったのは、僕の個人的な感情です。たしかにソチでは大きな目標を達成できませんでしたが、「この経験のおかげで僕はもっと大きく成長できる」と確信できたんです。それでソチが終わった直後の世界選手権に向けて、オリンピックで疲れているにもかかわらず練習に戻りたくなったんです。ブライアンとユヅと一緒に練習をしたいな、と。それはいままでの自分にはないことでした。

オーサー　あの2014年世界選手権では、ユヅが1位、（町田）樹が2位、ハビが3位でしたがスコアは僅差でした。ハビはあのとき改めて「自分は世界のトップ3のひとりなんだ」と実感したと思います。それでもシーズンオフになってから私はとても気がかりでした。ハビがすっかり自信を失ってしまうのではないか、と。でもハビはちゃんと闘志を燃やして、夏の終わりにトロントに戻ってきてくれました。とても嬉しかったですね。ハビにターニングポイントがあったとすれば、それはあのときだったと思います。

フェルナンデス　僕はオリンピックでたくさんのことを学びました。完璧な演技ではありませんでしたし、バカげたミスもしました。でもそれはマイナスの出来事ではなかったんです。表彰台という夢が叶わなかったおかげで、その後厳しい練習をこなし、スケーターとしてより成長できたんですから。

――オリンピック翌シーズン、2014年のグランプリファイナルは、地元スペインでの試合でした。

フェルナンデス　あのとき、僕はものすごく緊張していました。他の選手は皆、毎年自分の国の観客の前で演技しますが、僕はそういうことに慣れていません。しかもリンクがあまり大きくなくて観客と近くて、歓声がものすごかったんです。僕はどうやってエネルギーを使えばいいのかわからず、力みすぎました。エネルギーの使い方は試合ごとに異なるので難しいのです。

オーサー　自国開催大会のときの気持ちはよくわかります。ですからグランプリファイナルの前にハビに言いました。「観客は君の名前を呼んで声援を送るだろう。まるで1位の選手のようにね。そのエネルギーをどう力に変えるかは、君自身が見つけなければならない」と。そうしたら、彼はちょっと膝が震えていました。

フェルナンデス　最初のジャンプは転びましたし、ショートは5位でしたよね。

オーサー　うまく自分をコントロールできなかった様子でした。自国開催の試合への対処方法は、結局のところ実際に経験してみるしかないんです。ショートはうまく対処できなかったけれど、1日の休みを挟んでフリーに臨んだとき、ハビは準備ができていました。

フェルナンデス　フリーに向けては「スペインの観客に素晴らしい演技を披露したい」という気持ちでした。スペインの観客はスケートの試合を見慣れてはいません。「フィギュアは美しくて、とても競争の激しい競技でもあり、大会を見にくるのは楽しいことだ」ということを見せたかったんです。それにユヅが最高の演技で観客を喜ばせていて、やっぱりすごいなと思いました。

オーサー　スペインの観客にとって素晴らしい試合になりましたよね。それにスペインにとって初めての国際大会でしたから、スペインのスケート連盟にとっても試合運営は大仕事でした。でも会場もホテルも試合運びも素晴らしく、氷の具合もよかった。あの大会は、スペインという国にとっても大成功の試合でしたね。

フェルナンデス　誇らしいことです。スペインはとても素敵な国なんですよ。たくさんの地域があって、どの地域やどの都市にも個性があるんです。バルセロナは大都市ですが、ビーチもあれば、素晴らしい建築も優れた芸術作品もあります。マドリッドは建築においしい食べ物、楽しい人々。セビリアにはまた違う美しい光景があります。

オーサー　同感です。人が素晴らしく、歴史が古く、食べ物もワインも楽しめる国ですから。また行きたいですね。

３００点超えの意味

――２０１５年の世界選手権では初の王者になりました。

フェルナンデス　ええ、大きな進化だったことは間違いありません。あの年は「もう一度、世界選手権の表彰台に立ちたい」と言っていました。あまり高い目標を立てないタイプなので。ところが２０１５年の世界選手権は金メダルを獲ってしまいました。びっくりです。表彰台に立つつもりで、いつもとほとんど変わらない練習をしていただけなのに、いつの間にか進化していたということです。

オーサー　私の仕事は選手を鍛えることです。選手が最高の力を発揮できるよう練習を計画し、進化させ、試合本番で力を発揮させることです。最高のプログラム、練習、衣装、曲を与えられるよう、私たちは最善を尽くしているんです。

フェルナンデス　実際のところは、世界王者になろうなんて考えたこともありませんでした。スペインにはフィギュアスケートの世界王者は過去にいませんでしたし。自分にある程度の才能があって、まだ上手になれることはわかっていましたが……。でも正直に言って、「ようし、僕は次の世界王者になるぞ!」と思ったりするのは好きじゃないんです。むしろその反対で「僕なんかが世界王者になることはない」という考え方でした。

オーサー　たしかにハビが初めて世界選手権を制したとき、「自分は何が何でも世界選手権で勝つんだ」と考えていたわけではないでしょう。ただ計画どおりに練習を積んだ結果、世界王者に輝いたんです。でもまぐれではなく、自分の努力で勝ち取った称号ですよ。

――2015―2016年シーズンを世界王者として迎えましたが、それまでとの違いはありましたか?

オーサー　ハビは世界王者のタイトルをまるで仕立てのいいスーツのようにうまく着こなしていました。着こなす価値のある人物にもなっていました。ハビは世界王者らしい姿勢で練習をして、演技をして、グランプリシリーズも欧州選手権も良い成績を残したんです。ハビはどんな試合でも優勝を目指したのではなく、賢明な態度を目指しました。

フェルナンデス　そうですね。僕は、普段はこんなふうに考えてプレッシャーも感じるんですよ。「皆に支えてもらっているんだから、連覇しなくちゃ」。でもいざ試合が始まると、「僕はただ良い演技がしたい」と思えるんです。

オーサー　コーチも同じです。少なくとも演技中、勝つことについては考えません。演技が始まったら、すべては選手に委ねられ、スコアはすべてジャッジに委ねられますからね。選手はタイプによるのですが、「絶対に勝つ」と思うほうが力を発揮する選手と、ハビのように「良い演技をするぞ」と考えるほうが目標を達成できる選手がいます。これは選手次第です。ユヅは勝利がモチベーションになるタイプでしょうね。

フェルナンデス　その点では、グランプリファイナルでのユヅの演技は、本当に驚くべきものでした。330点という得点もすごいですし、優勝したのは当然です。でも僕は世界選手権で、皆が大きな期待をするなかで試合をしました。それは2015年とは違う難しい経験で、追う立場ではなく追われる立場のメンタリティを初めて知りました。ユヅルはその立場にずっと打ち勝ってきているので、やはり精神的に学ぶものがあるなと、改めて思いました。

――世界選手権での300点超えというスコアにはどんな感想でしたか?

フェルナンデス　スコアはスコアにすぎません。ただしユヅが「ショートで100点、フリーで200点を出したい」という新しい基準を設定したことは間違いありません。だから僕が300点を超えたのは、自分が進化した、それをジャッジが認めてくれたのだから嬉しいですよね。でも次の世界選手権で誰も300点を超えなくても、何人もが超えても、そのスコアは気になりません。

オーサー　そうなんです、スコアは数字にすぎません。でも「本当に素晴らしい演技」の基準をユヅが打ち立ててくれたことは誇らしいです。この判断基準をもって2人の演技後にスコアを待つのはとても楽しい気持ちです。世界でこの基準をものさしにできるのはユヅとハビの2人だけですから名誉なことです。でも練習しているときに忘れてはならないのは、スコアはただの数字であって、重要なのは演技そのものだということです。

オリンピックメダルの価値

――2016―2017年のプレオリンピックシーズンに向けての計画は？

フェルナンデス　次の世界選手権でたとえ3連覇できなかったとしても、オリンピックシーズンへの影響はないはずです。もちろん3連覇を目標にして、そのために努力しますが、すでに連覇をしていますし、タイトルの数は関係ありません。「一か八かやってみよう」という気持ち、当たって砕けろの精神でいきたいと思っています。

――平昌オリンピックのシーズンは、26歳から27歳の年です。どんな戦略を考えていますか？

フェルナンデス　普段通り体調を維持することが大切だと思います。もちろん26歳となると、4年前とはコンディションが違いますから、体調管理もメンタルトレーニングもしっかり行いますよ。スキルは4年前よりも格段に上がっています。

オーサー　実はハビは、私がオリンピックに出場したときと同じ年齢なんです。最初が22歳で銀メダル。2度目が26歳でやはり銀メダルでしたが、2度目のときのほうが自分は強いと思っていました。26歳という年齢であれば、すべては心の持ちようです。歳を取りすぎてはいません。

フェルナンデス　僕はまさに、ちょうどいい時期だと思います。

オーサー　ええ。実際、ハビは年齢を重ねるごとに賢い練習をできるようになってきて、26歳は体力の低下よりも経験の有利さのほうが大きいと思います。陸上短距離のウサイン・ボルトは29歳でリオデジャネイロオリンピックを迎えました。私たちに必要なのは、ハビの身体の状態を、トレーニングや治療を通じて維持することです。その点では、ソチ前に比べて体調管理や陸上トレーニングに、より計画的に取り組んでいます。

――オーサー・コーチはオリンピックで2度のメダルを獲得しています。オリンピックのメダルの価値はどう考えていますか?

オーサー　選手は何とかしてメダルを手に入れたいと願うものです。何度も世界王者に輝いた選手でさえ「オリンピックでメダルを獲れるならば、どんな色でも幸せだ」と言います。ハビもユヅも有力選手のひとりですし、もちろんメダルを狙って準備をさせます。でもオリンピックはワクワクする祭典で、クールで胸躍る素晴らしい体験になってほしい。それも大事なことです。平昌オリンピックは過去の大会とは違うでしょう。ハビにとって3度目、ユヅにとって2度目のオリンピック。2人とも金メダル候補として出場しますから、重圧はまったく違いますが、オリンピックを経験していますから、その特有の雰囲気やメディアの騒ぎ方も知っています。コントロールの仕方も準備できるはずです。

フェルナンデス　僕はもっと準備が必要かもしれません。

オーサー　ハビの場合は、いかにクラブでの毎日を平常通りに保てるかでしょう。そこはトレーシーと私がいますから、精神的な悩みも技術的な相談も、いくらでも解決していけるでしょう。大切なのは、平常時にオリンピックのことしか考えられない状況を避けることです。とても神経がもちません。1988年のカルガリーオリンピックのシーズンは、テレビをつけても車を運転しても、いつもオリンピックキャンペーンを目にして、「もうオリンピックはたくさんだ」という気持ちになりました。逃げ場がないような状態でした。買い物をすればレジで「金メダルを獲ってね」なんて言われるんです。でもハビはスペインには戻らないので、プライベートな環境は保てるでしょう。ユヅも日本に帰らずにここで練習したほうがいいでしょうね。このクリケット・クラブ内は守られた空間なので、どんなに世間が騒いでも、いつも通りの練習環境を維持できるのがオリンピックに向けての利点ですね。私でさえ、ユヅやハビが持つ能力をちゃんと発揮させられるのか、多大なプレッシャーを感じて過ごすのですから。

フェルナンデス　今度は3度目のオリンピックになりますが、僕には正直なところ失うものが何もありません。いままでよりもたくさんの経験とメダルを持っているからといって、オリンピックは何が起こるかわからない場所なのも知っています。だから表彰台に上ることができたらラッキーですが、そうならなくても満足です。だって僕はいまこうやって、自分では想像もしなかったレベルに達して、たくさんの応援を受けてオリンピックを迎えるのですから。それだけで幸せなことだと思っています。

オリンピック王者が他の選手を励ますリンク

オーサー　ではハビはオリンピック後に引退したとして、10年後にどうなっていると思う？　将来のことは考えている？

フェルナンデス　いまから10年後となると36歳頃。まだ具体的にはわかりません。引退後しばらくはショーに出て、そのあとはスケートを教えたいですね。ブライアンみたいなコーチになりたいです。このクリケット・クラブで教えるのか、別の場所かはまだわかりませんが。

オーサー　ハビなら大歓迎だよ。

フェルナンデス　スペインでは今後スケートが広まるとは思いますが、選手育成の需要があるのか、ショーだけが人気になるのか、わかりません。だからスペインに限定せず、世界のどこかの町でコーチができればいいです。でもひとり立ちする前にブライアンとトレーシーから学びたいので、トロントでしばらくコーチをするかもしれませんね。

——オーサー・コーチは厳しいタイプですか、それとも甘やかしてくれるタイプですか？

フェルナンデス　どの選手に対してもそれぞれの態度があります。僕に対しては、もっと努力しなくちゃならないときに怒りますし、厳しいです。でも普段はとても落ち着いていて、親しみやすいコーチです。

オーサー　試合が迫っているのにろくに練習しないときは、「いい加減にしろ」と言って怒鳴ります。ハビは私の言葉を受け止めますし、あとで話し合い、お互いに歩み寄ります。本来そうあるべきです。ユヅの場合は、怒られたときの落ち込み方が激しいですし、真剣に悩んでしまうところがあるので、怒らずに最初から話し合いになります。あとはトレーシーが私とは違うタイプなので、彼女が人間的に信頼されていることも、選手とコーチの関係を良くしてくれていると思いますよ。

フェルナンデス　やっぱりこのクリケット・クラブは、それぞれの選手に合わせて練習しやすい環境になっていると思います。コーチ同士がよく協力し合っていて、あるコーチが別のコーチに「僕の選手がこの国の大会に出るから、代わりに同行して」と頼んだりするんです。よそでは考えられません。普通は「この子は私の選手。活躍したら私の手柄」という感じです。選手同士も支え合っていますよね。レベルに関係なく、誰だって調子の良い日悪い日があることを理解し合えていますから、お互いを励まし合います。オリンピック王者が、ダブルアクセルで苦戦している選手に、「頑張れ、きっと明日はできるよ」などと励ましたりするんですから。

オーサー　小さなコミュニティで結束しているからこそ、皆がお互いを思いやれるのでしょう。私が子どもの頃、試合が終わって故郷に帰ると、町の皆が計画して、消防車のはしご車に私を乗せてパレードをしてくれたことがあったんです。ほんの1分くらいのご褒美ですが。そういう温かいコミュニティが、このクリケット・クラブでも生まれるようにと願って、コーチを続けてきました。

フェルナンデス　でもそれはスケート界のなかでは特別なことです。このリンクのスタッフの人たちも素晴らしいですよね。ある日、いつの間にかスペインの国旗がリンクに飾ってあったり、応援メッセージが書かれたチラシが貼ってあったり。他のクラブではしてもらったことがありません。本当によく面倒をみてくれるんです。

オーサー　クリケット・クラブのコミュニティ、チーム・ブライアンの選手やコーチ、皆に恵まれていると思います。それが選手のモチベーションにつながっているのだから最高です。ここのコーチになって10年かけて目指してきた方向性が間違っていなかったな、と感じている毎日ですよ。

（2016年10月14日　クリケット・クラブにて）

構成者あとがき

トロント北部の高級住宅地の一角、メープルツリーの並木に囲まれて、スポーツクラブ「クリケット・クラブ」は50年以上の歴史を刻んできました。ここで練習したスケーターは誰もが恋に落ちてしまいます。こんなにもスケートを愛する人たちが集う場所が他にあるだろうか、こんなにも自分が愛される空間が他にあるだろうか、と。その楽園の中心にいるのが著者のブライアン・オーサーです。

ブライアンは、押しも押されもせぬカナダの大スター。ソチオリンピックに向かうときも、空港職員から憧れの眼差しでサインを求められたのは、羽生結弦選手ではなくブライアンでした。しかしブライアンは威張った態度はけっして見せません。2015年世界選手権の記者会見で羽生選手はこうコメントしました。

「僕たちは幸せな環境で練習を積んできています。ブライアンはコーチとして僕たちの背中を押してくれるだけでなく、僕たちクリケット・ファミリーの皆を大切にして成長を見守ってくれて、ときどきお母さんみたいになる存在です」

まさにこの言葉通りです。練習の指導だけでなく、無償の愛で選手を包み、健康や将来のことまで世話を焼き、選手を見守っています。これはビジネスとしてやっていたらできない行動です。トップ選手を囲い込み、自己流の指導で自分色に染め上げ、名伯楽と呼ばれるコーチはいくらでもいますが、ブライアンは違います。

チーム・ブライアンが成功した要因のひとつひとつは、選手の才能、緻密な戦略、優秀なコーチ陣、練習環境などの好条件にあるでしょう。しかしそのすべての要素をコラボレーションさせ、壁を越え続けてきたのは、やはり母のような愛があってこそです。

前作に続き、本書『チーム・ブライアン 300点伝説』では、2人の愛弟子とともにスケートの歴史を塗り替えてきた2年半の旅路を、ブライアンが語りました。またブライアンが信頼をおくコーチである樋口豊先生には、構成にあたり多くのアドバイスをいただきました。チーム・ブライアンの素敵なコミュニティを少しでも味わっていただければ、ブライアンと樋口先生にとってこれ以上の幸せはないことと思います。

野口美恵

〈ブライアン・オーサーからチームへのメッセージ〉

チームとは……いろいろな技術や役割を持った人たちの集まり。お互いの機能をうまく噛み合わせながら、支え合って、共通のプロジェクトや目標に一丸となって取り組む人たちの集まり。
そのような定義のもとに、私はひとりひとりの選手にとって最適なチームを選んできました。それゆえ、選手のパーソナリティや相性なども考え、チームごとにメンバーが異なります。

■羽生結弦のチーム

ブライアン・オーサー	チームリーダー
トレーシー・ウィルソン	共同リーダー
シェイ＝リーン・ボーン	フリープログラム振付師
ジェフリー・バトル	ショートプログラム振付師
ペイジ・アイストロップ	スピン専門コーチ

■ハビエル・フェルナンデスのチーム

ブライアン・オーサー	チームリーダー
トレーシー・ウィルソン	共同リーダー
デイヴィッド・ウィルソン	振付師
ペイジ・アイストロップ	スピン専門コーチ
ジェイソン・ヴェスコヴィジ	コンディション調整責任者
ヒューゴ・シュイナード	音楽技術者
ジョシアン・ラモンド	ショートプログラム・コスチュームデザイナー
デニス・ピッツァカッラ	フリープログラム・コスチュームデザイナー
デイヴィッド・ベイデン（ＩＭＧ）	マネジャー

ユヅとハビを支えてくれるチームメンバーの情熱と献身には、感謝の気持ちでいっぱいです。
メンバーは皆、それぞれの分野のエキスパートであり、私は皆さんの技術に敬意を払い、その素晴らしさを高く評価しています。私たちの関係は、信頼とコミュニケーションのうえに成り立っています。あなたたちひとりひとりと、こうやって旅を共有できる私はとても幸運です。

ブライアン・オーサー

著者／ブライアン・オーサー（Brian Orser）
フィギュアスケートコーチ。1961年カナダ生まれ。フィギュアスケート男子シングルの選手として、1984年サラエボオリンピック、1988年カルガリーオリンピックの2大会連続で銀メダルを獲得したスーパースター。引退後はプロスケーターとして人気を博し、2006年、キム・ヨナの指導をきっかけにコーチに専任した。現在は男子シングルの羽生結弦とハビエル・フェルナンデスらの指導にあたる。キムが2010年バンクーバーオリンピックで金メダル、羽生が2014年ソチオリンピックで金メダルを獲得。2015–2016年シーズンに羽生、フェルナンデスの2人がスケート史上初の300点超えをマークした。

監修／樋口豊（ひぐち・ゆたか）
フィギュアスケートコーチ、振付師、解説者。1949年東京生まれ。フィギュアスケート男子シングルの選手として、1968年グルノーブルオリンピック、1972年札幌オリンピック日本代表。全日本選手権では1969年大会から1971年大会まで3連覇。1968年から1971年までトロント・クリケット・スケーティング&カーリングクラブのメンバー。1972年世界選手権後に現役引退。現在は明治神宮外苑アイススケート場ヘッドコーチを務めると共に、定評のあるテレビ解説で日本のフィギュアスケート人気に貢献している。

構成・翻訳／野口美恵（のぐち・よしえ）
スポーツ・ジャーナリスト、元毎日新聞記者。自身のフィギュアスケート経験と審判資格をもとに、ルールや技術に正確な記事を執筆し、国内外の選手・コーチからの信頼も厚い。トロント・クリケット・スケーティング&カーリングクラブの夏季メンバーでもある。著書に『ギフト　フィギュアスケーターが教えてくれたもの』『伊藤みどり　トリプルアクセルの先へ』（共に主婦の友社）、『羽生結弦 王者のメソッド 2008–2016』（文藝春秋）他がある。「Number」「AERA」「ワールド・フィギュアスケート」「キヤノン・ワールドフィギュアスケートウェブ」などに寄稿。

チーム・ブライアン　300点《てん》伝《でん》説《せつ》

2017年１月31日　第１刷発行

著　者　ブライアン・オーサー

監　修　樋口《ひぐち》 豊《ゆたか》

構成・翻訳　野口美恵《のぐちよしえ》

発行者　鈴木 哲

発行所　株式会社講談社

東京都文京区音羽2-12-21　〒112-8001

電話　編集（03）5395-3522

販売（03）5395-4415

業務（03）5395-3615

印刷所　慶昌堂印刷株式会社

製本所　株式会社国宝社

ISBN978-4-06-220118-6　N.D.C.784　286p　19cm